FRANZISKA LIPP

Beste Aussichten im
Salzburger Land

66 LIEBLINGSPLÄTZE
und 11 Almhütten

FRANZISKA LIPP

Beste Aussichten im Salzburger Land

VON DEN HOHEN TAUERN BIS INS SALZKAMMERGUT

Alle Fotos im Innenteil stammen von den Autoren Jakob und Franziska Lipp.
Seiten 64 und 138: Land & Berge / Jakob Lipp
Hintere Umschlaginnenklappe: Foto von Judith Karner

Autorin und Verlag haben alle Informationen geprüft. Gleichwohl wissen wir, dass sich Gegebenheiten im Verlauf der Zeit ändern, daher erfolgen alle Angaben ohne Gewähr. Sollten Sie Feedback haben, bitte schreiben Sie uns! Über Ihre Rückmeldung zum Buch freuen sich Autorin und Verlag: lieblingsplaetze@gmeiner-verlag.de

Besuchen Sie uns im Internet:
www.gmeiner-verlag.de

© 2014 – Gmeiner-Verlag GmbH
Im Ehnried 5, 88605 Meßkirch
Telefon 07575/2095-0
info@gmeiner-verlag.de
Alle Rechte vorbehalten
1. Auflage 2014

Lektorat / Korrektorat: Claudia Reinert
Satz: Julia Franze
Bildbearbeitung / Umschlaggestaltung: Alexander Somogyi
unter Verwendung eines Fotos der Großglockner Hochalpenstraße,
grossglockner.at, Fotografin: Martina Gebert (München)
Kartendesign: Kim-Anna Bucher
Druck: AZ Druck und Datentechnik GmbH, Kempten
Printed in Germany
ISBN 978-3-8392-1553-1

Das Salzburger Land auf den zweiten Blick ///

Vorwort 10

SALZBURGER SUPERLATIVE

ZAUBERHAFTE GLÜCKSPLÄTZE

EIN TAG IN DER MOZARTSTADT

AUSFLUGSZIELE FÜR FAMILIEN

DAS SALZBURGER LAND AUF DEN ZWEITEN BLICK

Vorwort

Über Salzburg wurde alles schon einmal gesagt und geschrieben: Die Liebhaber haben sich in verträumten Klischeevorstellungen verstrickt, die Skeptiker verwiesen darauf, dass die Salzburger ihre Seele für den Tourismus veräußern würden. Ganz zu schweigen vom Ausverkauf von Mozart und Festspielen.

Was bleibt also noch zu sagen über die Mozartstadt, über das Salzkammergut, die Berge und die Almen? ›Viel!‹, kam mir in den Sinn. Denn die wirklich schönen Orte in Stadt und Land halten der Schwärmerei ebenso stand wie der intellektuell motivierten Kritik. Und allein darum geht es in diesem Buch: um meine Lieblingsplätze.

Ich lade Sie dazu ein, sich auf den Weg zu machen – einmal quer durchs Salzburger Land: vom Flachgau im Norden über den Tennengau und Pongau bis zum Pinzgau und dem Lungau ganz im Süden und ›hinter den Tauern‹.

Jede Region hat ihre ganz eigene Charakteristik: Ja, sogar die Dialekte variieren, die Begrifflichkeiten, die Gerichte. Auf einer Fläche von rund 65 Quadratkilometern findet sich eine unglaubliche Bandbreite an schönen und interessanten Orten. Diese auszuwählen, fiel mir schwer. Viel zu oft musste ich Nein sagen auf dem Weg zu 66 Lieblingsplätzen und 11 Almhütten.

Im Buch finden sich nun viele große touristische Attraktionen wie etwa die Krimmler Wasserfälle, die Großglockner Hochalpenstraße oder Mozarts Geburtshaus. Interessanterweise habe ich die Erfahrung gemacht, dass vor allem Salzburgbesucher diese Sehenswürdigkeiten kennen, viele Einheimische aber den Kopf schütteln auf die Frage, ob sie schon einmal da gewesen sind. Wenn ich von meinen Lieblingsplätzen erzählt habe, kamen immer wieder Ausrufe: »Ach, wie schön. Da wollte ich immer schon mal hin!« Das spornte mich an, diese touristischen Attraktionen noch einmal zu besuchen und sie unter einem anderen – vielleicht auch für Sie neuen – Blickwinkel darzustellen: Damit ist diese Sammlung auch eine Einladung an alle Salzburgerinnen und Salzburger, sich das scheinbar Altbekannte doch einmal genauer anzuschauen.

Andersherum war es mir ein Anliegen, weniger Bekanntes vor den Vorhang zu holen: So habe ich mich dagegen entschieden, weltberühmte Köche wie Johanna Maier oder die Brüder Obauer vorzustellen, deren Ruf ihnen bereits vorauseilt. Sondern vielmehr das Augenmerk auf Neues zu richten: wie etwa auf das Mesnerhaus in Mauterndorf von Maria und Josef Steffner; beide erst Mitte 30 und voller Leidenschaft für das, was sie tun.

Überhaupt war es die Leidenschaft, die mich immer wieder in ihren Bann zog: So vielen Menschen bin ich begegnet, die das, was sie tun, zu einer Herzensangelegenheit gemacht haben; die vielen Biobauern, die für mehr Achtsamkeit im Umgang mit der Natur und den Tieren plädieren. Der Käsehersteller aus dem Lungau, der seine Produkte weltweit verkaufen könnte, aber seine Produktion aus Prinzip klein und fein halten möchte. Oder das Ehepaar in Henndorf, das mit viel Hingabe einen Literaturverein ins Leben ruft, damit die Dichter nicht in Vergessenheit geraten.

Damit ist dieses Buch nicht nur eine Aufforderung, die Plätze zu besuchen, sondern auch, mit den Menschen ins Gespräch zu kommen. Sie haben viel zu erzählen und tun es gerne. Meist jedoch in Kombination mit Essen – denn Speis und Trank halten die Seele zusammen. Und das gilt im Salzburger Land mehr als irgendwo sonst.

Keine Alm sollte man verlassen, ohne Platz genommen und die hausgemachten Produkte probiert zu haben: Hier habe ich besonders auf die Ursprünglichkeit geachtet. Damit Sie genau zu jenem Almerlebnis kommen, das ich selbst seit Kindesbeinen so liebe.

Am Ende bleibt mir nur noch, Danke zu sagen. Vor allem meinem Mann Jakob, der dieses Buch mit seinen wunderschönen Fotos bereichert hat. Und den vielen Menschen für die schönen Gespräche und Momente. Ich wünsche Ihnen, dass es Ihnen im Salzburger Land genauso gut ergeht.

Ihre Franziska Lipp

SALZBURGER SUPERLATIVE

Hohe Berge und imposante Naturschauspiele

AUF DER GROSSGLOCKNER HOCHALPENSTRASSE

DIE URGEWALT DER ALPEN
Krimmler Wasserfälle

Die Krimmler Wasserfälle machen es einem nicht leicht, sie in Worte zu fassen. Sie sind zu gewaltig, zu übermächtig, als dass man sie angemessen beschreiben könnte. Ich gestehe es gerne: Angesichts dieser Urgewalten blieb mir die Spucke weg. Ohrenbetäubend ist das Rauschen der Wassermassen, die einem scheinbar in die Arme stürzen. Sie überwältigen einen mit ungeheurer Energie und vitaler Kraft. All das aber bestätigte mich darin, die Krimmler Wasserfälle – die höchsten Europas – ganz an den Beginn dieses Buches zu stellen.

Schon bei der Anfahrt nach Krimml gewinnt man aus der Ferne einen Eindruck von ihrer Größe: Über 380 Meter und drei Fallstufen stürzt die Krimmler Ache in die Tiefe – mehr als sechs Mal so hoch wie die Niagarafälle. Vier Kilometer lang ist der Wasserfall, der sich auf einer rund eineinhalbstündigen Wanderung erkunden lässt: Spektakuläre Tiefblicke garantieren Aussichtskanzeln wie etwa an der Sturzstelle des Oberen Falls.

Meinen Lieblingsplatz erreicht man weit schneller: Der Kürsingerplatz direkt am Talsturz ist mit großen Steinquadern und Sitzgelegenheiten ideal, um die Kraft des Gletscherbachs mit allen Sinnen zu erleben. Je näher man sich heranwagt, umso deutlicher wird dessen Gewalt: Der Wind zaust die Haare und lässt den ganzen Körper erbeben, die Wassermassen von 60 Kubikmetern pro Sekunde donnern in den Ohren und binnen weniger Minuten ist man nass bis auf die Haut – sofern man nicht mit adäquater Kleidung und Kapuze vorgesorgt hat. In kürzester Zeit holt man sich einen nachweislich gesundheitsfördernden Energiekick, der alle Lebensgeister weckt. Besonders auf Allergiker und Asthmatiker wirkt der Wasserfall heilsam, das Angebot von ›Hohe Tauern Health‹ ist danach ausgerichtet. Eins steht fest: Hier herrscht absolute Suchtgefahr! Vorsicht ist dennoch geboten – die nassen Steine sind rutschig!

Die neue Ausstellung WasserWunderWelten wurden 2013 eröffnet und verfügt mit dem interaktiven Aquaszenario über eine österreichweite Besonderheit.

SOWOHL VON DER EDELWEISSSPITZE (IM BILD) ALS AUCH VOM FUSCHER-
TÖRL BLICKT MAN AUF DIE FUSCHER LACKE MIT DEM STRASSENBAUMUSEUM.

GROSSGLOCKNER HOCHALPENSTRASSE ///
INFORMATIONSSTELLE FERLEITEN /// 5672 FUSCH /// 0 65 46 / 6 50 ///
WWW.GROSSGLOCKNER.AT ///
KORRESPONDENZADRESSE: RAINERSTRASSE 2 /// 5020 SALZBURG ///
06 62 / 8 73 67 30 ///

IM GEDENKEN AN 3.200 GLOCKNER-BARABER

Kleines Wegmacherhäusl – Großglockner Hochalpenstraße (2)

Über die Großglockner Hochalpenstraße zu schreiben, setzt einen großzügigen Umgang mit Superlativen voraus: Sie ist eine der schönsten Panoramastraßen Europas, führt bis an die Pasterze – den größten Gletscher der Ostalpen –, und zählt zu den Top-3-Sehenswürdigkeiten Österreichs. Doch sie war bereits in der Zeit ihres Entstehens ein ›nationales Monument‹: Ein Symbol für den Überlebenswillen eines noch jungen und kleinen Landes, das schwer unter den Auswirkungen der Wirtschaftskrise der 1920er-Jahre litt.

Daher ist der hier beschriebene Lieblingsplatz keiner der vielen grandiosen Panoramaplätze mit Blick auf die 30 Dreitausender, sondern eher eine Einladung zum Erinnern und Nachdenken in einem kleinen originalen Straßenwärterhäuschen direkt an der Fuscher Lacke: Darin befindet sich die kostenlos zugängliche Themenausstellung ›Bau der Straße‹, die interessante Details lüftet. So etwa über den visionären Bauingenieur Franz Wallack, über den Politiker Franz Rehrl, der dieses gigantische Unternehmen ermöglichte und die 3.200 Männer – die sogenannten Glockner-Baraber –, die ab dem August 1930 am Straßenbau quer über die Alpen beteiligt waren.

Zahlreiche Schwarz-Weiß-Fotos und Originalpläne machen deutlich, wie verwegen dieses Unterfangen war: Schienen wurden verlegt, Felsen mussten gesprengt und Wohnbaracken errichtet werden. In 26 Baumonaten leisteten die Baraber 1,8 Millionen Arbeitsstunden bei zum Teil widrigsten hochalpinen Bedingungen. Fortschrittlich dabei: Die Bezahlung wurde durch Kollektivverträge geregelt.

Noch heute sind viele der historischen Steinmauern und Straßenbegrenzungen erhalten, auch wenn das ursprüngliche Kopfsteinpflaster nur noch auf dem Abschnitt zur Edelweißspitze erhalten geblieben ist. Die Ausstellung setzt den ›Glockner-Barabern‹ ein kleines, aber liebevolles Denkmal. Absolut sehenswert!

☞ Die Edelweißspitze ist mit 2.571 Metern der höchste mit einem Fahrzeug erreichbare Punkt Österreichs und bietet fantastische Ausblicke.

TVB ST. JOHANN-ALPENDORF /// ING.-LUDWIG-PECH-STRASSE 1 ///
5600 ST. JOHANN IM PONGAU /// 0 64 12 / 60 36 ///
WWW.LIECHTENSTEINKLAMM.AT ///

WASSERSPEKTAKEL À LA HOLLYWOOD

Liechtensteinklamm – St. Johann im Pongau

Ganz ehrlich: George Lucas und Peter Jackson könnten das nicht besser. Ach was! Wahrscheinlich wären die Hollywood-Regisseure neidisch auf das, was die Großarler Ache in Tausenden von Jahren geschafft hat: Eine fast 300 Meter tiefe Schlucht zu bilden, die nicht nur zu den größten und schönsten der Alpen zählt, sondern auch ganz ungefährlich – ähnlich einer künstlichen Erlebniswelt – erwandert werden kann. Los geht's am unteren Ende der Klamm: Schon von weitem hört man die Wassermassen rauschen. Leiser wird die Geräuschkulisse in der nächsten Stunde nicht: So lange dauert der Weg zum Schleierfall und wieder zurück. Doch das Tosen gehört zum Spektakel, ebenso wie der Sprühregen, die überhängenden Wände und die Engstellen. Das Wasser schimmert in schönsten Grün-Türkis-Tönen, massive Baumstämme haben sich zwischen Steinblöcken verkeilt wie Zahnstocher. Bizarre Felsformationen erinnern an Löwen oder Stierköpfe und sehen aus wie Pappmaché: Grandios inszeniert mit tosender Gischt, in den Himmel ragenden Wänden und Hinweisschildern ›Gruppenbildungen auf den Brücken vermeiden‹.

Seit dem 6. Juni 1876 ist die Liechtensteinklamm über Wege, Brücken und hölzerne Stege für die Öffentlichkeit zugänglich. Davor wagten sich nur Holztrifter und Jäger an diesen gespenstischen, sagenhaften Ort. Und solche, die von den warmen Klammquellen wussten und sich davon Heilung für mancherlei Leiden versprachen. Tatsächlich soll es diese 15 bis 18 Grad warmen Quellen an mehreren unzugänglichen Stellen geben. Alle Versuche, sie nutzbar zu machen, misslangen jedoch. Und wenn es nach der Sage geht, dann wird das auch so bleiben: Denn der Teufel persönlich soll nach einer verlorenen Wette wutentbrannt die warmen Quellen in die Tiefe der Felsenge geschleudert haben, auf dass sie für den Menschen nie mehr zu erreichen sein sollen. George Lucas wäre doch begeistert … oder?

Ihren Namen verdankt die Klamm Fürst Johann II. von und zu Liechtenstein, der die Begehbarkeit großzügig mit finanziellen Mitteln unterstützte.

EISRIESENWELT /// EISHÖHLENSTRASSE 30 /// 5450 WERFEN ///
0 64 68 / 52 48 /// WWW.EISRIESENWELT.AT ///

Als der junge Höhlenforscher und Maler Alexander von Mörk am 23. August 1913 vor der riesengroßen Eishöhle im steilen, felsigen Gelände des Tennengebirges stand, kam er mit einem Vorsatz: tiefer in den Berg vorzudringen als je ein Mensch zuvor. Sogar einen Taucheranzug hatte er mitgebracht, um einen ›über dem Eise stehenden See‹ in der stockdunklen Höhle zu überwinden. Tatsächlich gelang dem 26-Jährigen sein Vorhaben; begeistert beendete er seinen Bericht mit den Worten: ›Die Höhle ist die größte Eishöhle der Welt.‹ Nur ein Jahr später stirbt Alexander von Mörk als Soldat. Seine Asche brachten Freunde in die Eisriesenwelt zurück: Die Urne am hinteren Ende des imposanten 40 Meter hohen und 70 Meter langen Mörkdoms erinnert an den mutigen Abenteurer.

Heute braucht man kein Höhlenforscher mehr zu sein: Ein bisschen Schmalz in den Waden genügt, um den Weg vom Parkplatz bis zur Talstation und von der Bergstation bis zur Höhle zu überwinden. Den Rest erledigt bequem die Seilbahn. Doch ein Spaziergang ist ein Besuch der Eisriesenwelt dennoch nicht: Der Weg zum Höhleneingang auf 1.656 Metern ist steinig und im Inneren der Höhle müssen 700 Stufen und 134 Höhenmeter überwunden werden. Außerdem wird es nie wärmer als null Grad. Einzige Beleuchtung sind die nostalgischen Karbidlampen, die Besucher in die Hand bekommen: Dunkelheit umfängt die Gruppe.

Die grandiosen Eisformationen – von denen Alexander von Mörk so begeistert war, dass er sie nach Figuren der nordischen Eddasaga benannte – werden wunderschön inszeniert: Durch brennende Magnesiumstreifen scheinen sie aus sich heraus und in den schönsten Eisfarben zu strahlen. Nach gut 70 Minuten und einem Kilometer ist der Höhleneingang wieder erreicht: Die weiteren 43 Kilometer Höhlengänge bleiben den wahren Abenteurern vorbehalten. So wie es Alexander von Mörk einer war.

✍ Nach dem Höhlenbesuch genießt man vom Oedl-Haus an der Bergstation der Seilbahn einen grandiosen Blick über das Salzachtal und auf die Burg Hohenwerfen.

IM REICH DES RACHSÜCHTIGEN LINDWURMS
Tappenkarsee – Kleinarl

Was für ein funkelndes Juwel und welch romantischer Platz! Eingebettet in den Niederen Tauern ist der Tappenkarsee auf 1.762 Metern ein gut verstecktes Wanderziel. An seinem Ufer lässt es sich bei schönem Wetter herrlich wandern und entspannen. Doch wehe, es ziehen Wolken oder Nebelschwaden auf: Schlagartig wird klar, warum der Tappenkarsee in früheren Zeiten als furchteinflößender Ort in Verruf war. Die Alpen bargen unzählige Gefahren für den Menschen. Und immer dort, wo unerklärliche Phänomene Mythen hervorriefen, entstanden Legenden. So auch hier.

Der Sage nach sorgte einst ein gefräßiger Lindwurm für viel Schrecken rund um den bis zu 50 Meter tiefen See. Er verschlang alles, was sich am Ufer bewegte, und so beschlossen einige starke Männer, das Ungeheuer zu töten. Doch der Plan misslang: Der Lindwurm wurde nur verletzt. Seither sitzt er voller Rachegelüste auf dem Grund des Sees und nagt am Felsen, der den Tappenkarsee zum Kleinarler Tal hin begrenzt. Sollte es ihm je gelingen, die Wand zu durchbrechen, wird das gesamte Tal bis nach Wagrain unter den Wassermassen versinken. Nessie im weit entfernten Schottland scheint im Vergleich dazu ein Kuscheltier zu sein.

Mit diesem Wissen im Rucksack wandert man besonders beschwingt die rund 90 Minuten über den zum Teil herausfordernden Steig zum größten Bergsee der Ostalpen. Weiß man doch nicht, wie lange es ihn noch geben wird. Oben angelangt, wird man reich belohnt: Mit der Tappenkarseealm und der Tappenkarseehütte laden gleich zwei bewirtschaftete Hütten zur kulinarischen Einkehr. Auf eine idyllische Uferwanderung sollte man dennoch nicht verzichten; einfach um die herrliche Abgeschiedenheit des Sees so richtig zu genießen. Wem das noch nicht genug ist, dem stehen zahlreiche Gipfeltouren zur Auswahl: so etwa der Aufstieg zum beeindruckenden Draugstein oder zum Kreuzeck.

✍ Wer keine Lust zu wandern hat, bleibt im Tal und ›chartert‹ am idyllisch gelegenen, kristallklaren Jägersee ein Ruderboot. Mehr Romantik geht kaum.

TOURISMUSBÜRO ANNABERG-LUNGÖTZ ///
5524 ANNABERG-LUNGÖTZ NUMMER 125 /// 0 64 63 / 86 90 ///
WWW.ANNABERG-LUNGOETZ.COM /// WWW.TENNENGAU.INFO ///

Ein Mischwald von ungewöhnlichen Dimensionen erwartet Besucher im Lammertaler Urwald in Annaberg-Lungötz: Hier wachsen auf einem Areal von rund zehn Hektar mehrere über 100 Jahre alte Bäume, die zu den höchsten Österreichs zählen, ja sogar Mitteleuropas.

Der Anstieg erfolgt vom Parkplatz der Spießalm in Lungötz: Von hier geht es in gut einer halben Stunde zur Hütte und dann weiter über die steile Wiese hinauf Richtung Urwald. Der etwas beschwerliche Anstieg lohnt sich in jedem Fall: Kaum hat man den natürlichen Eingang erreicht, ist man umhüllt von einem großen Grün.

Farne wiegen sich im Wind, mächtige Baumriesen wachsen in den Himmel, Totholz zeugt von der Naturbelassenheit dieses begünstigten Fleckchens Erde. Große Pilze an morschen Baumstümpfen verweisen darauf, dass diese im Absterben begriffen sind: Der Kreislauf des Werdens und Vergehens wird im Lammertaler Urwald besonders gut sichtbar.

Dass die Bäume hier so alt und mächtig werden, verdanken sie einem Zusammenspiel mehrerer Faktoren: Der günstigen Hanglage, den klimatischen Bedingungen, dem Umstand, dass der Wald nie forstwirtschaftlich genutzt wurde und der Bodenbeschaffenheit.

Der Rundweg durch den Wald dauert etwa 20 Minuten: An dem kleinen Pfad verweisen Schilder immer wieder auf besonders alte und imposante Bäume. So etwa auf die rund 300 Jahre alte ›Große Buche – die Mutter des Waldes‹ oder den ›Lammertaler Wächter‹, eine 47 Meter hohe Tanne. Ihr Holzvolumen von 46 Festmetern würde ausreichen, um Dachstühle für vier Einfamilienhäuser zu zimmern. Der Stammdurchmesser der ebenfalls rund 300 Jahre alten Fichte ›Alter Tax‹ misst an die 160 Zentimeter.

Wer aus dem Urwald wieder unter den blauen Himmel tritt, hat den Eindruck, einen großen, grünen Raum zu verlassen: Jahrhunderte alt, sich immer wieder erneuernd und voller Leben.

✍ Ein zweiter Weg führt vom Seepark in St. Martin am rund acht Kilometer langen Baumwanderweg über eine Orchideenwiese zum Lammertaler Urwald.

SALZBURGER FREILICHTMUSEUM /// HASENWEG ///
5084 GROSSGMAIN /// 06 62 / 85 00 11 ///
WWW.FREILICHTMUSEUM.COM ///

ARCHITEKTUR IM WANDEL DER ZEIT

Salzburger Freilichtmuseum – Großgmain

(7)

Auch wenn das Salzburger Freilichtmuseum das größte seiner Art im Bundesland ist, könnte das 50 Hektar große Areal mit Leichtigkeit zu Fuß erkundet werden. Doch wer will das angesichts dieser einspurigen Verlockung? Seit im Juni 2010 die hübsche, laut tutende Museumsbahn in Betrieb genommen wurde, zieht es kleine und große Besucher wie magisch an die Haltestelle Flachgau, von wo es über die 1,7 Kilometer lange Strecke rumpelnd, ratternd und quietschend bis zur Haltestelle Pongau geht. Museumsbesucher stehen lachend und winkend an Bahnübergängen und man fühlt sich um 100 Jahre zurückversetzt: Eine längst vergangene architektonische Kulturlandschaft zieht im gemächlichen Takt der Feldbahn vorbei – vom Bauernpeterhaus aus dem Jahr 1598 mit dem k. k. Gendarmerieposten über das Tennengauer Prähausen-Häusl samt Schusterwerkstatt bis hin zum Pongauer Taxbauernhaus, dessen Bewohner ihren Hof 1732 während der Protestantenverfolgung verlassen mussten.

Jeder der 100 Originalbauten erzählt eine Geschichte: über das Leben in Salzburg quer durch sechs Jahrhunderte. Vielfach ohne Strom, unter den harten Lebensbedingungen im Innergebirge und mit mehreren Generationen unter einem Dach. Nicht selten ist es der Geruch des alten Holzes, der schon beim Betreten eines Hauses die Fantasie anregt. Detailreich gestaltete Dauerausstellungen tragen ihren Teil zum Erlebnis bei: so etwa jene mit dem Titel ›Mausetot – Mensch und Maus im Bauernhaus‹ im steingemauerten Getreidespeicher neben dem Abrahamhof im entlegenen Lungau.

Zurück im Flachgau führt kein Weg an der kleinen Krämerei im Wörndl-Austraghaus vorbei: Das gut sortierte Sortiment von Naschwerk über Flaschenbürsten und hölzerne Zitronenpressen bis hin zu Fußabstreifern und Spielzeug kann mit modernen Zahlungsmitteln erworben werden. Die Zeit des Schilling ist definitiv vorbei!

✍ Letzte Errungenschaft des Museums ist ein (Fertigteil-)Mauthaus der Firma Kawafag von der Großglockner Hochalpenstraße aus dem Jahr 1935 samt Tankstelle.

LAMPRECHTSHÖHLE & GASTHAUS /// OBSTHURN 28 ///
5092 ST. MARTIN BEI LOFER /// 06 76 / 4 48 07 91 ///
WWW.LAMPRECHTSHOEHLE.AT ///

WILDE WASSER IM KALKGEBIRGE
Lamprechtshöhle – St. Martin bei Lofer

Im Jahr 1701 erteilte Fürsterzbischof Johann Ernst Graf von Thun und Hohenstein den Auftrag, die Lamprechtshöhle bei St. Martin ›zu inquirieren‹ und nach ›schönen‹ Steinen zu durchsuchen: Lagerte doch der Legende nach der sagenumwobene Schatz des Ritters Lamprecht tief im Berg. Gefunden wurde nichts und dieser Umstand hat sich bis heute nicht geändert; dennoch ist die größte Wasser führende Durchgangshöhle der Welt bei fast jedem Wetter und zu jeder Jahreszeit einen Besuch wert.

Direkt an der Straße zwischen Lofer und St. Martin befindet sich der Zugang zu einem gigantischen Höhlensystem mit mehr als 50 Kilometer langen Gängen. Und schon beim Öffnen der schweren Holztüre wird spürbar, dass sich im Berg mehr abspielt, als von außen zu erahnen ist: Die ›bewetterte‹ Höhle reagiert sensibel auf Vorgänge, die sich hoch in den Loferer Steinbergen abspielen. Je nach Wasserstand zieht es kräftig im Berg und schwere Regengüsse und Gewitter können dazu führen, dass die drei Höhlenbäche anschwellen und Gänge, Seen und Grotten fluten. Ein Frühwarnsystem sorgt jedoch dafür, dass Besucher nicht in Gefahr geraten.

Und dennoch gehört ein bisschen Forschergeist dazu, um den Schauteil auf den gesicherten Wegen mit 392 Stufen auf eigene Faust zu erkunden: Das Wasser plätschert unaufhörlich und hat in den letzten 25 Millionen Jahren deutliche Abschliffe und Fließfacetten im Dachstein- und Dolomitkalk hinterlassen. Im Winter beziehen Fledermäuse hier ihr vier Grad kaltes Quartier. Schwarze Kreuze markieren die Fundorte, wo in den vergangenen Jahrhunderten Höhlenforscher ihr Leben gelassen haben.

Gut 90 Minuten dauert der Weg durch den Schauteil der gigantischen Lamprechtshöhle: Wer sich in den Forscherteil wagen möchte, kann eine Führung buchen. Dazu braucht es wasserdichte Stiefel, Pioniergeist und ein klein wenig Mut.

🖉 Der Winter ist die beste Zeit für Führungen im Forscherteil, da während der Sommermonate viele Gänge mit Wasser geflutet und nicht begehbar sind.

ZAUBERHAFTE GLÜCKSPLÄTZE

Grüne Oasen und heilige Mauern

DIE HUBERTUSKAPELLE IM GROSSARLTAL

WALLFAHRTSKIRCHE MARIA PLAIN /// PLAINBERGWEG 38 ///
5101 BERGHEIM BEI SALZBURG /// 06 62 / 4 50 19 40 ///
WWW.MARIAPLAIN.AT ///

GOLDEN GLÄNZT DIE LIEBE IN D-DUR
Maria Plain – Bergheim bei Salzburg

›Maria Ploa‹ nennen die Salzburger liebevoll ihre schönste Wallfahrtskirche, die schon allein durch ihren Platz hoch über Bergheim so viel Würde ausstrahlt, dass man sich ihr nur mit gesenktem Haupt nähern möchte. Oder aber mit hoch erhobenem Kopf, um nur ja nichts von ihrer Makellosigkeit zu übersehen. Der Zauber dieses Platzes mit dem grandiosen Blick auf die Salzburger Bergwelt und bis nach Bayern zieht seit jeher Menschen in seinen Bann.

Dass sich der Plainberg vor fast 400 Jahren in eine Wallfahrtsstätte verwandelte, hat mit dem Gnadenbild ›Maria mit dem Jesuskind‹ zu tun, das ursprünglich aus dem niederbayerischen Ort Regen stammte. Dort war es während des Dreißigjährigen Krieges bei einer Brandschatzung wie durch ein Wunder unbeschädigt geblieben und wurde zum Inbegriff von Trost, Hoffnung und Zuversicht. 1652 gelangte es durch seinen Besitzer Rudolf von Grimming nach Salzburg, musste später jedoch wieder zurückgegeben werden. Zwei Jahre nach der Einweihung der Kirche am 12. August 1674 blieb das sternenumschmückte Gnadenbild endgültig in Maria Plain. Mit seinem Platz am Hochaltar bildet es den Mittelpunkt der Kirche, die so viel Ruhe und Kraft ausstrahlt und von einem Farbglanz aus Gold, Weiß und Blau erfüllt zu sein scheint.

Auch die Familie Mozart pflegte eine innige Beziehung zu Maria Plain: Wolfgang und Nannerl legten Überlieferungen zufolge ihre Osterbeichte hier ab, Vater Leopold ließ zur Fürbitte für einen guten Reiseverlauf des Öfteren Messen lesen. Diese enge Bindung mag auch der Grund für ein Gerücht sein, das sich hartnäckig hielt; nämlich dass W. A. Mozart seine Krönungsmesse zur Einweihung von Maria Plain komponiert habe. Wahrscheinlicher war es aber seine ›Missa brevis‹ in D-Dur (KV 194), die anlässlich des Maria Plainer Jubiläumsfests im Jahr 1774 entstanden ist. Ein wahrhaft schöner Trost.

✿ Jedes Jahr am 15. August findet in Maria Plain eines der stimmungsvollsten Kirchenkonzerte des Kulturjahres statt: www.salzburger-bachgesellschaft.at

EINSIEDELEI /// BACHWINKL 12 /// 5760 SAALFELDEN ///
0 65 82 / 7 23 82 76 /// WWW.PFARRE-SAALFELDEN.AT ///

AUF DEM WEG DER STILLE
Einsiedelei – Saalfelden

Schon von Weitem ist sie sichtbar: die Einsiedelei am Palfen hoch über Saalfelden. Die weiß verputzte Klause mit dem kleinen Glockenturm klebt am Felsen wie ein Schwalbennest. Als sie im Jahr 1664 erbaut wurde, zog Thomas Pichler von der Franziskanischen Gemeinschaft als erster Einsiedler dort oben ein. Er baute auch die Höhle, in der das Bild des Heiligen Georg verehrt wird, zur heutigen Kapelle aus.

Die Einsiedelei war über die Jahrhunderte mit wenigen Unterbrechungen immer bewohnt. Seit 2004 lebt Bruder Raimund von der Thannen von jeweils Mitte April bis zum ersten Adventwochenende in der Klause auf 1.001 Metern. Er ist einer von rund 30 Eremiten, die es im deutschsprachigen Raum gibt. Doch wegen ihm zu kommen, davon sei Schaulustigen abgeraten. Wer die Einsiedelei besuchen möchte, tut das am besten in der Absicht, sich auf den Weg der Stille zu begeben, der in rund 45 Minuten vom Ortsteil Bachwinkl zur Kapelle und zur Klause führt. Die Augen offen zu halten, ist bereits eine Einladung an den Augenblick: Gämsen, Eichhörnchen und Eichelhäher kreuzen den Weg. Oben angelangt, bietet eine kleine Aussichtsterrasse einen herrlichen Blick auf den Gletscher des Kitzsteinhorns, auf die Schwalbenwand und auf den Ort Saalfelden.

Die Kapelle ist ein Ort der Einkehr und der Stille – ein Gespräch mit Bruder Raimund eine beglückende Bereicherung. Dieser entschied sich erst spät für das Kloster und das einfache Leben ohne jeglichen Besitz. Er verkauft Getränke an seine Gäste, beantwortet Fragen und betrachtet die Seelsorge als eine seiner Hauptaufgaben. Doch er nimmt sich auch manchmal die Freiheit, die Tür zu seiner Klause nicht zu öffnen: Dann gilt für Besucher die Regel, seine Grenzen und Privatsphäre zu respektieren. Immerhin ist man bloß zu Gast bei einem Einsiedler, der in selbst gewählter Einsamkeit leben möchte.

✍ Bruder Raimund hat ein Buch über sein Leben geschrieben. Es trägt den Titel ›Seele sucht Ruhe – Gedanken aus der Einsiedelei‹ (Tyrolia Verlag).

**WIRTSHAUS SCHLÖSSL /// SCHLÖSSL 5 ///
5151 NUSSDORF AM HAUNSBERG /// 0 62 72 / 4 00 38 ///
SCHLOESSL.WIX.COM/SCHLOESSL ///**

WO DER URWAL UM DEN KIRCHTURM SCHWIMMT

Sankt Pankraz – Nussdorf

»Das sieht ja aus wie in Italien«, so der spontane Ausruf einer jungen Frau, die sich dem Torborgen des Mesnerhauses nähert. Und sie hat recht: Verwunschen und romantisch ist der Weg, der sich buckelig an den feuchten Felsen schmiegt. Er führt zu einem Kleinod auf der westlichen Seite des Haunsberges: Zur Kirche St. Pankraz, die unter Fürsterzbischof Johann Ernst Graf von Thun in den Jahren 1706 bis 1707 erbaut wurde. Wie auf einem kleinen Balkon thront das leuchtend gelbe Gotteshaus über dem Nussdorfer Ortsteil Schlössl.

Die barocke Kirche ist Teil eines geschlossenen Gebäudeensembles, das man durch den alten Torbogen betritt und das außerdem aus dem Mesnerhaus, dem dazugehörigen Salettl und dem einstigen Burgfelsen besteht. Blumentöpfe zieren die Treppenstufen zum Portal, die Tische sind nah an die dicken Kirchenmauern gerückt, die die Sonnenwärme speichern. Im Winter wird in dem kleinen Holzkiosk Glühwein ausgeschenkt.

Hoch ragt hinter dem Gotteshaus der steile Felsen auf, auf dem noch Bruchstücke der Burgruine Haunsperg zwischen den Bäumen erkennbar sind. Archäologischen Funden zufolge befanden sich schon in der Bronzezeit Siedlungen an dieser Stelle: Die glatt geschliffenen Felsen deuten möglicherweise auf einen heidnischen Kultplatz hin, an dem Fruchtbarkeitsrituale gefeiert wurden. Diese sogenannten ›Rutschfelsen‹ finden sich vielerorts im gesamten alpenländischen Raum.

Noch weiter zurück in die Geschichte des mystischen Haunsberges begibt sich, wer hinter dem Parkplatz den rund drei Kilometer langen Geologie-Lehrpfad durch den Kroisbachgraben erwandert: Dieser ist eine für Europa bedeutsame Fossilienfundstätte aus dem Paläozän vor rund 65 bis 55 Millionen Jahren. Mitte des 20. Jahrhunderts wurden hier versteinerte Schnecken und Seeigel gefunden, ebenso wie ein fünf Zentimeter großer Zahn eines Urwals.

✐ Das Wirtshaus Schlössl verfügt seit 1876 über eine Schanklizenz: Serviert werden hausgemachte, saisonale Gerichte in den Stuben und rund um die Kirche.

STÖCKLALM ///
TALORTE: KATSCHBERGHÖHE ODER SCHELLGADEN BEI MUHR ///
06 64 / 1 12 85 44 ///

STÖCKLBAUER /// BERGSTRASSE 44 ///
5582 ST. MICHAEL /// 0 64 77 / 72 43 ///

UNSERE KLEINE FARM AUF 1.775 METERN
Stöcklalm – Muhr

Wer auf die Stöcklalm will, muss ein wenig Ausdauer beweisen: Zwei Wege führen auf die idyllische, 1884 erbaute Hütte vor der grandiosen Kulisse von Steinwandeck und Brandriegel. Unter zwei Stunden Gehzeit geht gar nichts: Sowohl vom Ortsteil Schellgaden nahe Muhr als auch vom Katschberg ist man ein Weilchen unterwegs, um die Hütte von Hans und Juliane Sampl zu erreichen. Doch dort werden Wanderer nicht nur kulinarisch reich belohnt, sondern auch tierisch begrüßt. Denn die zwei Bauersleute vom Bio-Hof Stöcklgut in St. Michael holen ihre gesamte Menagerie den Sommer über auf die Alm: Dazu zählen neun Milchkühe, vier Schweine, die Hofkatze samt Nachwuchs, ein Hase und der Hahn samt Hühnerschar, zu der auch Berta zählt. Doch Henne Berta mischt sich lieber unter die Leute, als einen Almspaziergang mit ihresgleichen zu unternehmen: In der Küche, im Schnittlauchbeet oder auf der Sonnenbank fühlt sie sich pudelwohl.

Hans Sampls beiden Leidenschaften – der Imkerei und der Jagd – ist es zu verdanken, dass die Speisekarte lungauerisch vielfältig ist: Selbst gemachter Wildschinken findet sich darauf ebenso wie der Hochgebirgshonig seiner Bienen, die den Nektar der Almrosen vor der Hütte sammeln.

Juliane ist für die Weiterverarbeitung der Rohstoffe zuständig: Täglich werden aus der Milch Butter, Buttermilch und Käsespezialitäten hergestellt. Auch der Zirbenschnaps aus ›Zirmzeischgn‹ und der Vogelbeerbrand sind selbst gemacht.

Das Leben auf der Stöcklalm mutet einfach an und das ist es auch. Wenn es keine wirklich dringenden Dinge im Tal zu erledigen gibt, bleiben die zwei Bauersleute den ganzen Sommer auf der Hütte. Es fehlt ihnen an nichts, ganz im Gegenteil. Beim Verabschieden winkt uns Hans Sampl noch einmal zu sich und sagt: »Die Hütte ist ein Geheimtipp, der auch ein Ruheplatzerl bleiben soll.« Also pssst … nicht weitersagen!

🖉 Die selbst gemachten Produkte von der Stöcklalm wie Lungauer Almkäse, Schnittkäse oder Butter gibt's auch zum Mitnehmen – solange der Vorrat reicht!

HAUS DER BESINNUNG /// KIRCHENTAL 1 ///
5092 ST. MARTIN BEI LOFER /// 0 65 88 / 85 28 ///
WWW.MARIA-KIRCHENTAL.AT ///

WO WUNDER GESCHEHEN ...
Maria Kirchental – St. Martin bei Lofer

An Wunder zu glauben, entspricht nicht unbedingt dem modernen Zeitgeist. Doch manche Orte legen den Glauben an das Überirdische nahe: So etwa Maria Kirchental, dieses weltentrückte Fleckchen Erde auf 880 Metern Seehöhe hoch über St. Martin bei Lofer. Schon im 17. Jahrhundert sprach es sich herum, dass es hier oben Gebetserhörungen gegeben habe. Die barocke Wallfahrtskirche, die von 1694 bis 1708 nach den Plänen des Baumeisters Fischer von Erlach erbaut wurde, bildet das Herzstück eines romantischen Ensembles mit Mesnerhaus, Nebengebäude, Einsiedelei, Büchsenhäusl, Kiosk und Wirtshaus. Maria Kirchental – auch bekannt als Pinzgauer Dom – ist nach Maria Plain der bekannteste Wallfahrtsort im Salzburger Land.

Hier scheint die Zeit stillzustehen, Alltagsgeräusche wirken gedämpft und fast unmerklich stellt sich Ruhe ein. Im Inneren wie auch außen. Wer sich für Kunstgeschichte interessiert, sollte die Kirche und das Wallfahrtsmuseum besuchen. Einfach nur den Garten mit der bunten Blumenpracht und die Ruhe unter schattenspendenden Bäumen zu genießen, tut in der Seele gut. Hierher zu pilgern oder eine Wallfahrt zur Gnadenstätte ›Unserer Lieben Frau Geburt‹ zu unternehmen, ist fest in der Tradition vieler Salzburger, Tiroler und Bayern verankert.

Zentrum des neubarocken Hochaltaraufbaus bildet das Gnadenbild – eine spätgotische Muttergottes aus dem frühen 15. Jahrhundert. Das Jesuskind auf ihrem Arm lenkt den Blick auf ein Vögelchen in seiner Hand, das ein Stieglitz oder Distelfink sein könnte. Zu den weiteren Besonderheiten von Maria Kirchental zählen die rund 1.200 und vollständig restaurierten Votivtafeln, die größtenteils aus dem 17. und 18. Jahrhundert stammen. Diese größte Sammlung an Votivbildern in ganz Österreich ist Ausdruck von Dankbarkeit und Verehrung und kann – ebenso wie die Mirakelbücher – besichtigt werden.

✍ Maria Kirchental bildet den Endpunkt des 125 Kilometer langen ›Pinzgauer Marienweges‹ von Jochberg nach St. Martin. Dort trifft er auf den Jakobsweg.

BENEDIKTINERABTEI MICHAELBEUERN /// MICHAELBEUERN 1 ///
5152 DORFBEUERN /// 0 62 74 / 81 16 ///
WWW.ABTEI-MICHAELBEUERN.AT ///

MYSTISCHE WELT
HINTER DICKEN KLOSTERMAUERN

Benediktinerabtei Michaelbeuern – Dorfbeuern

13

Dumpf hallte es durch das Refektorium, wenn im Mittelalter ein Reisender an die Küchenpforte des einsam gelegenen Stifts Michaelbeuern im nördlichen Flachgau klopfte. Abgewiesen wurde niemand: Das kleine Almosentürl auf Brusthöhe wurde jedem geöffnet, um einen Teller Suppe oder einen Kanten Brot durchzureichen. Heute ist diese älteste Tür im romanischen Stiftsgebäude längst keine Außenpforte mehr: Seit seiner Gründung im 8. Jahrhundert wurde das Kloster mehrfach verändert und vergrößert.

Das Refektorium (der Speisesaal) und der Kreuzgang zählen zu den ältesten Teilen, die im Rahmen einer Klosterführung besichtigt werden können. Die Erzählungen von Pater Michael scheinen dabei wie aus einer anderen Welt: fremd, spirituell und dennoch humorvoll. Fragen sind erlaubt und erwünscht. Die Bruderschaft von zwölf Mönchen – Priester und Fratres – lebt und arbeitet noch heute nach den Regeln des Benedikt von Nursia. Der Tag beginnt mit dem Chorgebet um 6 Uhr früh, danach trifft man sich zu vier weiteren Gebetszeiten. An Werktagen findet jeweils um 7 Uhr ein Gottesdienst in der Marienkapelle statt.

Das Kloster strahlt Ruhe und Geborgenheit aus; seine Mauern scheinen durchtränkt von Geschichte und Gebeten. Die Lust, wieder einmal Umberto Ecos Roman ›Der Name der Rose‹ zu lesen, packt einen spätestens, wenn man die abgedunkelte Bibliothek betritt: Dieser schöne und geheimnisvolle Raum beherbergt einen kostbaren Bücherschatz von rund 15.000 Bänden, die vorwiegend aus dem 17. und 18. Jahrhundert stammen. Darunter zwei besonders wertvolle Handschriften: Die Walther-Bibel der Salzburger Buchmalerei von 1130 und ein im Stift verfasster liturgischer Chorgesang aus dem Jahr 1458. Einen weiteren Höhepunkt der Führung bildet der prunkvolle Abteisaal mit seinem prachtvollen Deckenfresko und der ganzen Farbenpracht des Rokoko.

✍ Ab dem Sonntag nach Ostern bis Ende Oktober gibt es jeden Sonntag um 14 Uhr eine Klosterführung durch die Räume und die jährliche Sonderausstellung.

SUPPANALM /// BUNDSCHUH-SCHÖNFELD /// 5592 THOMATAL ///

SUPPANGUT /// PICHL 10 /// 5571 MARIAPFARR /// 0 64 73 / 82 69 ///

Der Anstieg von der Bundschuh Landesstraße zur Suppanalm dauert maximal fünf Minuten. Doch das ist bei Weitem noch nicht das Beste an der urigen Sommerresidenz von Maria und Josef Prodinger. Die zwei Altbauersleute vom Suppangut in Pichl bei Mariapfarr empfangen ihre Gäste mit so viel Herzlichkeit, dass man sich auf Anhieb wohlfühlt.

30 Jahre lang war die Hütte auf 1.650 Metern Seehöhe nicht bewirtschaftet, bis die beiden im Jahr 2012 den Hof an Sohn Leonhard übergaben und die Sommermonate über auf die Alm zogen. Das behalten sie jetzt bei, denn das Leben in der 1828 erbauten Hütte entspricht ihren Vorstellungen ganz und gar: weg vom Trubel und mitten in der Natur.

Die Rückbesinnung auf die Traditionen möchten die Biobauern auch ihren Gästen mitgeben. Das Brot wird mit Dinkel und Tauernroggen von den eigenen Feldern gebacken, die Bauernkrapfen würzt Maria mit einem Hauch Anis und die Schottsuppen mit wild wachsendem Schnittlauch. Den Kärntner Reindling und das Lungauer Rahmkoch stellt sie nach uralten Rezepten her. Wer Tee bestellt, erhält einen Aufguss von wildwachsenden Almkräutern. Himmlisch schmecken auch die selbst gemachten Sirupe wie Holler-Rosenblätter oder Melisse.

Die Milchverarbeitung haben Maria und Josef erst im Alter gelernt, doch inzwischen beherrschen sie das Käsen perfekt: Aus der frisch gemolkenen Milch der Kühe entstehen Butter, Buttermilch, Rahm und verschiedene Käsesorten wie Lungauer Sauerkäse oder Frischkäse. Wer beim Melken der Kühe dabei sein möchte, sollte gegen 5 Uhr abends auf der Suppanalm eintrudeln, dann marschieren die 14 Milchkühe in den selbst gebauten Melkstand im Stall. Gemolken wird ökologisch korrekt mit Wasserkraft und völlig ohne Strom. Dafür mit viel Ruhe und Hingabe. So wie es Marias und Josefs Art im Umgang mit Menschen, Tieren und der Natur entspricht.

⚘ Im Suppangut in Pichl bei Mariapfarr kann auch übernachtet werden: mit Blick auf Forellenteich, Kapelle und eine Ruine aus dem 12. Jahrhundert.

MARIENHEILGARTEN GROSSGMAIN ///
ERZBISCHÖFLICHES PFARRAMT GROSSGMAIN, JOSEF-MEINRAD-WEG 1 ///
5084 GROSSGMAIN /// 0 62 47 / 82 45 ///
WWW.MARIENHEILZENTRUM.ORG ///

NATUR GEWORDENE ZAHLENMYSTIK

Marienheilgarten – Großgmain

14

Möglicherweise hat es mit der Vertreibung aus dem Paradies zu tun, dass Menschen Gärten anlegen und sich gerne in ihnen aufhalten. Diese Oasen sind Orte der Ruhe und der Kontemplation. Man scheint sich selbst näher zu kommen: Und das ist auch die Absicht, die hinter dem Konzept des Marienheilgartens steckt, der Natur und Philosophie, Religion und Mythologie, Astrologie und Numerologie zu verbinden versucht. Eine bunte Mischung, mag man denken! Wie passt das alles zusammen?

Nun, wer es ganz genau wissen möchte, holt sich das Info-Blatt am Eingang des Gartens. Darin wird erklärt, von welchen Ideen sich die Erschaffer leiten ließen: Das religiöse Zentrum des Garten neben der Kirche bildet die Madonna Sophia-Maria. Das ringförmige Beet um die Statue stellt die zwölf Tierkreiszeichen dar und bildet das Horoskop des Einweihungsdatums des Gartens ab. Auch die biblische Zahlenmystik findet ihren Niederschlag: Der Garten ist 19 Meter breit und doppelt so lang. Was dahinter steckt? Die drei göttlichen Tugenden Glaube, Liebe und Hoffnung ergeben zusammen mit den vier irdischen Tugenden Weisheit, Mäßigung, Tapferkeit und Gerechtigkeit die heilige Zahl 7, die sich in den Wochentagen oder den Sakramenten widerspiegelt. Addiert man diese Ziffer mit der vollkommenen Zahl Zwölf – 12 Monate, 12 Apostel – ergibt sich daraus die 19.

Doch kommt man sich dabei selbst wirklich näher? Das findet man am besten heraus, indem man die Besucherinnen und Besucher beobachtet: Ich sah zwei Hobbygärtnerinnen, die fachkundig über die Blumen diskutierten. Der Hund eines Besuchers bellte freudig, als er am Brunnen an der Marienstatue eine Schale Wasser erhielt. Und zwei verliebte Teenager unter der Birke hatten nur Augen für sich: Menschen in diesem Garten tun, was Menschen auch in anderen Gärten tun. Nicht mehr, aber auch nicht weniger.

✍ Die Tafelbilder des unbekannten ›Meister von Großgmain‹ im Altarraum der Kirche zählen zu den wertvollsten spätgotischen Kunstschätzen Österreichs.

HOLLERSBACHER KRÄUTERGARTEN UND BIENENLEHRPFAD ///
5731 HOLLERSBACH /// 06 64 / 2 06 64 77 ///
WWW.HOLLERSBACHER.AT ///

GEMEINDEAMT HOLLERSBACH /// 0 65 62 / 81 13 ///

DAS GRÜNE PARADIES DER HOLLERHEXE

Hollersbacher Kräutergarten

15

In der hübschen Nationalparkgemeinde Hollersbach ist der Name Programm: Da, wo so viel Holler – also Holunder – wächst, gedeihen auch andere Pflanzen, Kräuter und Blumen prächtig. Mitten im Ortszentrum, gegenüber der Kirche und hinter dem Klausnerhaus, befindet sich der Hollersbacher Kräutergarten. Wo einst ein französischer Kosmetikhersteller seine Pflanzen kultivierte, errichteten die Hollersbacher nach dessen Abzug im Jahr 2008 ein Kräuterreich für Blumenfreunde, Naturliebhaber und Gartenbegeisterte. Das Gemeinschaftsprojekt wird mit viel Liebe und Hingabe gepflegt: Bienen suchen summend nach Nektar, Besucher wandern über die Wege und die Kinder kommen nach der Schule zum Beerennaschen. Der Zauber der Hollerhexe, liebevoll ›Hollerhexei‹ genannt, schwebt über alledem. Auf dem 8.000 Quadratmeter großen Areal gedeihen rund 800 Pflanzen, thematisch gruppiert und übersichtlich angeordnet: Von den Kräutern des Waldes über den Kräutermond und das Beerenlabyrinth bis hin zum Pinzgauer Bauerngartl und dem Alpinum. Wer hier verweilt, taucht tief in die Mystik der Pflanzenwelt ein, und findet auch einen Ort der Ruhe und Beschaulichkeit.

Der Hollersbacher Kräutergarten ist rund ums Jahr und rund um die Uhr zugänglich – und das bei freiem Eintritt. Alle Pflanzen sind beschildert, Bänke und ein Spielplatz laden zum Innehalten oder Spielen ein. Während der Sommermonate gibt es mehrmals pro Woche Führungen und Workshops: Gemeinsam wird Seife gerührt, es werden Wolle oder Ostereier mit Pflanzen gefärbt oder Kräuterzucker hergestellt. In dem benachbarten denkmalgeschützten Klausnerhaus befindet sich die Nationalparkausstellung ›Holler im Klausnerhaus‹. Das zauberhafte Hollerhexei entführt ins Reich des mystischen Holunders. Dieser wird mit Duftdusche, Hollermärchen und dem Film ›Kraft der Holunderbeere‹ mit allen Sinnen erlebbar.

🖉 Der 2,3 Kilometer lange Bienenlehrpfad auf der Sonnenseite von Hollersbach lädt dazu ein, die Welt der Bienen und Imkerei zu entdecken. Ideal für Familien!

ROMANTISCHE HÜTTE
AM URALTEN SAUMPFAD

Litzlhofalm – Seidlwinkltal Rauris

Die Litzlhofalm ist der Inbegriff einer Alm: urig und alt, romantisch und klein, abseits gelegen und ab dem Rauriser Tauernhaus nur noch zu Fuß über einen alten Saumpfad erreichbar. Seit dem Jahr 1870 – dem Baujahr der Hütte – ist die Alm im Besitz einer Kärntner Bauernfamilie, deren rund 20 Kühe und Kälber Jahr für Jahr den Almsommer auf 1.700 Metern Seehöhe verbringen. Dass aus deren Milch bester Käse hergestellt und den Wanderern serviert wird, dafür sorgen zwei Sennerinnen: Nicht selten Studentinnen der Agrarwissenschaften, die täglich 200 Liter Milch zu köstlichem Tilsiter, Frischkäse oder Ricotta verarbeiten. Dazu gibt's Hausgemachtes aus der Bio-Landwirtschaft von Marianne und Anton Pichler wie Speckjaus'n oder Brettljaus'n, Most, Apfelsaft, Zirbenschnaps oder einen Original Kärntner Reindling.

Der besondere Reiz der Litzlhofalm liegt in ihrer Abgeschiedenheit. Im hintersten Talschluss des Seidlwinkltals verfügt sie zwar nicht über ein aussichtsreiches Panorama, dafür ist sie eingerahmt von hoch aufragenden Bergen und Wänden. Wer genau schaut, kann sogar ein kleines Stückchen der Großglockner Hochalpenstraße erkennen, die sich weit oberhalb der Alm befindet. Die Kuhglocken begrüßen die Wanderer und die Alm scheint sich unter ihrem uralten Dach zu ducken.

Wer auf die Litzlhofalm will, wandelt auf uralten Pfaden: Vom Rauriser Ortsteil Wörth führt der Weg vorbei an der Gollebenalm und der Palfenalm zum Rauriser Tauernhaus, einem der ältesten Unterstandshäuser im Salzburger Land. Es erinnert mit seiner musealen Einrichtung an den wichtigen Handelsweg über den Rauriser Tauern. Von hier aus geht's in einer weiteren guten Gehstunde zur Litzlhofalm, die sich in der Kernzone des Nationalparks Hohe Tauern befindet. Begleitet von unzähligen Vogelstimmen und vom Gurgeln des türkisblauen Seidlwinklbachs.

✍ Wer das Seidlwinkltal bequem erreichen möchte, steigt in Rauris ins Tälertaxi. Fahrzeiten im Tourismusbüro unter 0 65 44 / 2 00 22 oder info@raurisertal.at

GIGANTISCHE LOGENPLÄTZE

Berge und Gipfel mit schöner Aussicht

AUF DEM ASITZ IN LEOGANG

3029m

TOP OF SALZBURG

GLETSCHERBAHNEN KAPRUN /// WILHELM FAZOKAS STRASSE 2 D ///
5710 KAPRUN /// 0 65 47 / 87 00 /// WWW.KITZSTEINHORN.AT ///

Eine Schneeballschlacht mitten im Sommer und mit Skischuhen ins Kino: Was surreal anmutet, ist auf dem Kitzsteinhorn möglich. Nur 174 Höhenmeter unterhalb des Gipfels bietet die ›Gipfelwelt 3000‹ Besuchern ein ganzjähriges Berg- und Naturerlebnis.

Das Kitzsteinhorn ist der nördlichste Gletscher der Hohen Tauern und es bedarf keiner einzigen Schweißperle, um ihn im Sturm zu erobern. Nur zwei Mal heißt es ›Umsteigen‹ von der Talstation in Kaprun bis ganz nach oben. Die drei Bergbahnen überwinden in rund 20 Minuten einen Höhenunterschied von über 2.100 Metern.

Hier oben am Schmiedingerkees wird seit 1965 Ski gefahren: Österreichs erstes Gletscher-Skigebiet ist zugleich das einzige im Salzburger Land. Hier genießen Skifahrer und Snowboarder die Vorzüge von nicht allzu schweren Pisten mit tollen Ausblicken auf die Gipfelwelt des angrenzenden Nationalparks Hohe Tauern.

Von der Panorama-Plattform ›Top of Salzburg‹ öffnet sich der Blick auf die umliegenden Dreitausender bis hin zum Zeller See: Paris ist 790 Kilometer weit entfernt, der Nordpol 4.470 Kilometer und direkt vor einem glitzert die verschneite Schulter des Großvenedigers. In der Ice Arena darf nach Herzenslust im Schnee gespielt und gerutscht werden, Liegestühle stehen zum Sonnentanken bereit. Nur wenn der Sommer allzu warm wird und damit die Gefahr steigt, dass sich Gletscherspalten öffnen, wird dieser ganzjährige Winterspielplatz geschlossen.

Ein besonders beeindruckendes Erlebnis ist die kurze Wanderung durch die rund 363 Meter lange Nationalpark Gallery: Dieser Stollen führt einmal quer durch den Berg und mündet in eine weitere Panorama-Plattform, die sich geografisch bereits im Nationalpark Hohe Tauern befindet, dem größten Naturschutzgebiet der Alpen. Und die Krönung? Natürlich der Blick auf den höchsten Berg Österreichs, den Großglockner.

☞ Mein erster Dreitausender: Mit einem Bergführer geht's hinauf zum 3.203 Meter hohen Gipfel des Kitzsteinhorns. InfoService Alpincenter: 0 65 47 / 86 21.

GIPFELGLÜCK MIT SAGENHAFTEM SONNENAUFGANG

Matrashaus am Hochkönig (2.941 m) – Mühlbach

17

Unglaubliche 261 Dreitausender soll es im Salzburger Land geben und über 200 davon sieht man vom Hochkönig aus. Diesem selbst fehlen nur 59 Meter, um sich in die Liste der ganz Großen einzureihen. Dennoch ist das Franz-Eduard-Matras-Haus auf dem Gipfelplateau eine der höchstgelegenen Schutzhütten der Alpen und der Hochkönig die höchste Erhebung der Berchtesgadener Alpen (!). Durch die Grenznähe zu Bayern rücken weitere mächtige Gipfel ins Blickfeld des Betrachters, darunter der Watzmann oder der Hochkalter.

Wer sich auf den Weg machen möchte, um diesen gigantischen Logenplatz zu erreichen, muss früh aufbrechen: Vom Arthurhaus über die Mitterfeldalm, Ochsenkar und Schartensteig bis zum Matrashaus sind es laut Beschilderung an die sechs Stunden Aufstieg. Wer gemütlich geht und Pausen einlegt, darf noch ein paar Stündchen drauflegen.

Auf dem Weg zum Gipfel passiert man die mächtige Torsäule, die ein Eldorado für Felskletterer ist. Weiter geht es zur ›Übergossenen Alm‹ – ein Gletschergebiet, von dem nur noch wenig Eis zu sehen ist. Der Legende nach gediehen hier einst fruchtbare Almwiesen und die Sennerinnen genossen ein ausschweifendes Leben. Sie badeten in Milch und pflasterten die Wege mit Butter- und Käselaiben. Als jedoch eines Tages ein alter Mann erschöpft an ihre Tür klopfte und um Unterkunft bat, wiesen sie ihn barsch ab. Das himmlische Strafgericht erließ ein schnelles Urteil: Schwarze Wolken türmten sich über den Teufelslöchern und binnen weniger Stunden lag die Alm unter einem eisigen Schneefeld begraben.

Angesichts dieser Geschichte ist man nach dem mehrstündigen Aufstieg glücklich zu erfahren, dass auf dem Matrashaus kein Wanderer abgewiesen wird. Eine Reservierung wird zwar dringend empfohlen, aber Abendessen und ein Notlager gibt es für alle. Denn es wäre schade, den sagenhaften Sonnenaufgang zu verpassen.

☎ Das Matrashaus ist ab Mitte/Ende Juni geöffnet. Der Winterraum mit acht Lagern ist immer offen, verfügt aber über keine Heiz- oder Kochmöglichkeit.

GLOCKNERBLICK IM ›TAL DER ALMEN‹
Karseggalm – Großarl

Nirgendwo gibt es so viele bewirtschaftete Almen wie im Großarltal: Rund 40 sind es an der Zahl und die urigste unter ihnen ist die 400 Jahre alte Karseggalm. Gut 75 Minuten dauert der Aufstieg vom Parkplatz Sonneggbrücke und schon bald eröffnet sich ein gigantischer Blick auf das grasgrüne Höllwandmassiv, den Schuhflicker und den Hochkönig. Bei der Hütte angelangt, erwartet Wanderer eine weitere Überraschung: Mit ein wenig Wetter- und Wolkenglück können sie ihre Almjause sogar mit Blick auf den Großglockner verzehren.

Doch wer auf die Karseggalm kommt – die zum biologisch bewirtschafteten Eggbauern unten im Tal gehört – wird erst einmal abgelenkt: von kleinen Zicklein, einem Pony, dem Schaf und dem Kitzstein, dessen Gipfelkreuz von unten wie eine Miniatur wirkt.

Die Hütte selbst scheint unter dem uralten Dach Schutz zu suchen. Ein mächtiger Hollerbusch flankiert den mit Almrosen geschmückten Eingang, aus der offenen Tür dringt Rauch, ein Feuer flackert im Inneren. Besucher, die zum ersten Mal auf der Karseggalm sind, können kaum glauben, was sie da sehen: eine offene Feuerstelle ohne Kamin, schwarz geräuchertes Holz, zwei Kessel – einer mit Käse und der andere mit Wasser befüllt –, ein gestampfter Lehmboden. Auf den Balken über dem Feuer reift der Knetkäse, bevor er wie fein geriebener Parmesan zur Brettl- oder Käsejausen serviert wird.

Die Almleute Anni und Sepp, die den ganzen Sommer auf der Alm bleiben, sind die staunenden Blicke gewöhnt und führen gerne durch die Stuben. Wer Glück hat, darf sogar einen Blick ins private Schlafzimmer im Heulager werfen.

Wer sich dann endlich dem kulinarischen Angebot widmen möchte, sollte unbedingt die Käsesorten probieren – vom Süßkäse über den Ölkäse bis hin zum Knetkäse, den es nur im Großarltal gibt. Und zum Abschluss ein ›Lärcherl‹ – ein angesetzter Schnaps aus Lärchenzapfen.

✎   Von Mitte Juni bis Ende September gibt's einmal wöchentlich ein Schaukäsen auf der Karseggalm: Die Termine erfährt man über den Tourismusverband.

›KLEINES SKANDINAVIEN‹ DER OSTALPEN
Rossbrand – Radstadt (1.768 m)

18

Wer schon einmal durch einen lichten schwedischen Wald oder das norwegische Fjell gestreift ist, der könnte auf dem Rossbrand von so mancher Erinnerung eingeholt werden: Vor allem im Frühling, kurz nach der Schneeschmelze, wenn im Tal bereits alles blüht und grünt, ist die Natur da oben noch um Wochen hinterher. Dann blühen die ersten Soldanellen und das Moor ist von Eisschollen überzogen. Wer in den frühen Abendstunden und noch zur Straßenwintersperre eine Wanderung unternimmt, ist verleitet, nach dem ein oder anderen Elch oder einer Elfe Ausschau zu halten, zumindest aber nach Fuchs und Hase. Die Sonne verschwindet hinter den Baumwipfeln und verwandelt den Gipfelplatz in eine in sanftes Licht getauchte Bühne mit langen Trollschatten.

Doch vielleicht ist dieser Lieblingsplatz auch nur ein Lieblingsplatz, wenn man zur richtigen Zeit am richtigen Ort ist. Denn der 1.768 Meter hohe Rossbrand wird in Werbebroschüren als ›wahrscheinlich schönster Aussichtsberg der Ostalpen‹ beschrieben und ist gerade an schönen Tagen stark frequentiert.

Der langgezogene Rücken, der in früheren Zeiten als Weidefläche für Pferde genutzt wurde, bietet einen fantastischen Rundblick: Scheinbar auf Augenhöhe begegnet man dem kantigen Dachsteinmassiv mit dem Gosaukamm und der Bischofsmütze, ebenfalls ganz nah erscheinen der Hochkönig und das Tennengebirge. Weiter in der Ferne leuchten die Niederen Tauern sowie die Hohen Tauern mit den höchsten Bergen Österreichs. In Richtung Norden verweisen die Gipfel der Osterhorngruppe auf die Ausläufer der Voralpen und der markante Gaisberg auf die Lage der Stadt Salzburg.

Da die 1970 erbaute und seit 1977 frei befahrbare Rossbrandstraße auch motorisierte Ausflügler magisch anzieht, sollte man die Gunst der ›einsamen‹ Stunde nutzen: vielleicht sogar bei skandinavisch-kühlen Wetterbedingungen.

✍ Im Winter lädt die 14 Kilometer lange Rossbrand-Höhenloipe zum Langlaufvergnügen bis weit in den Frühling: mit der Papageno-Kabinenbahn ab Filzmoos.

UNTERSBERGBAHN /// DR. ÖDLWEG 2 /// 5083 GARTENAU ///
0 62 46 / 72 47 70 /// WWW.UNTERSBERGBAHN.AT ///

VON DEN GÄNSEGEIERN AM GEIERECK

Untersberg – Grödig (1.805 m)

19

Vornehme Zurückhaltung scheint dem Untersberg fremd: Wer auf der Autobahn A8 von München in Richtung Salzburg fährt, wird schon aus der Ferne von dem mächtigen Bergmassiv begrüßt. Während dieses von nördlicher Seite noch recht sanft wirkt, zeigt es auf der Südseite sein schroffes Gesicht mit kantigen Flanken und steil abfallenden Felswänden. Wie ein Riese scheint der Untersberg über die Gemeinden zu seinen Füßen und die nur sieben Kilometer entfernte Stadt Salzburg zu wachen.

Und seit Menschengedenken beschäftigt er die Gemüter: Während die Sage davon erzählt, dass Karl der Große im Inneren des Berges auf Erlösung wartet, treffen sich Mystiker noch heute auf den Anhöhen, um ihre Naturrituale zu vollziehen. Gerüchten zufolge soll sogar der Dalai Lama den Untersberg als ›Herzchakra‹ Europas bezeichnet haben. Bergsteiger lieben die Anforderungen eines hochalpinen Geländes, Höhlenforscher das zerklüftete Gestein, Skifahrer die 7,5 Kilometer lange Abfahrt im Winter.

Doch der beste Grund, um den Untersberg zu erobern, ist und bleibt die sagenhafte 360-Grad-Aussicht: Rauf geht's ganz bequem mit der Untersbergbahn in St. Leonhard, die 2011 ihr 50-Jahr-Jubiläum feierte. Die Zweiseilbahn überwindet in rund neun Minuten eine Differenz von 1.320 Höhenmetern und bietet beste Blicke auf die darunterliegenden Spielwiesen der Gämsen. Oben angekommen gibt es zahlreiche Wandermöglichkeiten, etwa zum Salzburger Hochthron oder zur Zeppezauerhütte. Nur rund zehn Minuten dauert der Anstieg zum Geiereck: Hier oben lassen sich die Gänsegeier des nahen Zoo Salzburg besonders gut bei ihren Flugübungen beobachten. Blauer Enzian wächst am Wegesrand, Kinder tragen im Juli Schneeballschlachten aus und die Flugzeuge am Salzburg Airport wirken wie Spielzeug. Noch näher können Stadt und hochalpines Gipfelglück nicht zusammenrücken.

✿ Wer den Untersberg zu Fuß erobern möchte, sollte alpine Erfahrung mitbringen: Von Glanegg führen der Dopplersteig und der Reitsteig zum Gipfel.

WO HIMMEL UND ERDE SICH BERÜHREN

Himmelspforte – Schafberg (1.738 m)

20

An den Fahrgästen in der nostalgischen Schafbergbahn hört man schnell: Auch in Japan oder Korea kennt man den Schafberg – diesen gigantischen Aussichtsberg, der sich imposant über dem Wolfgangsee erhebt. Mit seiner 300 Meter hohen Nordwand und den steilen Hängen ist er ein markantes Erkennungsmerkmal im Salzkammergut und ein gigantischer Aussichtsberg in den Voralpen.

Bis zur Bergstation dauert es mit der mehr als 120 Jahre alten Zahnradbahn rund 40 Minuten, dann sind die 1.190 Höhenmeter vom oberösterreichischen St. Wolfgang zur Bergstation auf Salzburger Boden überwunden.

Die Himmelspforte – ein kleiner, von Menschenhand erschaffener Felsdurchstieg – ist in gut zehn Minuten erklommen: Hier wird man der Faszination des 1.738 Meter hohen Berges schnell gewahr. Es ist diese Mischung aus grenzenloser Freiheit und dem Kribbeln in der Magengegend angesichts der Ausgesetztheit: Hoher Göll, Watzmann und Hochkalter schieben sich ins Gesichtsfeld. Wer dann durch die Himmelspforte schlüpft, dem eröffnet sich der weite Horizont mit der unendlichen Aussicht in alle Richtungen. Im Süden schweift der Blick vom Höllengebirge über den Dachsteingletscher, die Niederen Tauern, die Osterhorngruppe bis hin zum Hochkönigmassiv, dem Tennengebirge und den Berchtesgadener Alpen. Bei richtig guter Fernsicht sind sogar die Hohen Tauern mit dem Großglockner zu erkennen.

Und dann konkurrieren natürlich noch die Seen mit dem Bergpanorama – türkis, funkelnd, tief. Der Wolfgangsee, der Fuschlsee, der Grottensee, der Mondsee, der Irrsee und der Attersee. In den Abendstunden sieht man sogar den Waginger See und den Chiemsee im benachbarten Bayern in der Ferne glitzern. Diese Abendstunden sind zudem ein echter Geheimtipp: Denn wenn die Bahn stillsteht, wird's auch auf dem Schafberg ruhig. Und der Himmel rückt noch ein Stückchen näher.

✐ Die Schutzhütte zur Himmelspforte wurde zu Beobachtungszwecken von Flugzeugen erbaut. Heute werden Wanderer bewirtet: Vor allem der Zwetschgenkuchen ist ein Gedicht.

TOURISMUSVERBAND KOPPL /// DORFSTRASSE 9 /// 5321 KOPPL ///
0 62 21 / 72 05 /// WWW.FUSCHLSEEREGION.COM ///

EIN BERG IM KAMPF UM SEINE AUSSICHT

Nockstein – Koppl (1.043 m)

21

›Ein Berg ist ein Berg ist ein Berg‹ möchte man in Anlehnung an Gertrude Steins berühmtes Rosen-Zitat meinen. Doch weit gefehlt! Ein Berg ist nur so lange ein Berg, wie ihn der Mensch einen sein lässt.

Der Nockstein in Koppl ist ein beliebter Aussichtsberg und scheint sich als kleiner Bruder des Gaisbergs recht vorwitzig hervorzutun: Am Nordhang des Salzburger Hausbergs ragt er 1.043 M. ü. A. (zu Österreichisch: Meter über Adria) keck gen Himmel.

Das soll auch so bleiben – finden die vielen Freizeitsportler, die den Nockstein als ›Feierabendberg‹ gerne im Laufschritt besteigen und die Wanderer, die mit nur rund zehn Minuten Anfahrtszeit aus der Stadt Salzburg ein echtes Bergerlebnis schätzen. Denn auch wenn der Aufstieg in einer Dreiviertelstunde zurückgelegt ist, so ist die Ausgesetztheit des Gipfels überraschend: Angesichts der überragenden Aussicht auf die Stadt Salzburg kann einem fast schwindelig werden.

Schwindelig wurde einem auch in den letzten Jahren bei dem Gezerre, das um den Nockstein entbrannt ist: Eine Hochspannungsleitung mit bis zu 86 Meter hohen Strommasten sollte dem Nockstein nicht nur seine Aussicht nehmen, sondern ihm ein ähnlich prägendes Erscheinungsbild bescheren wie dem Gaisberg: Auf dessen Gipfel prangt seit 1956 von weitem sichtbar ein Sendemast. Nun scheint den Nockstein ein ähnliches Schicksal zu ereilen. Doch noch hat die moderne Technik nicht über die Natur gewonnen. Bürgerinitiativen kämpfen dafür, dass der Nockstein-Höhenrücken unter Schutz gestellt wird.

Verhindern lässt sich die Stromleitung wohl nicht mehr. Ein Lieblingsplatz bleibt er so oder so: Weil ein Berg irgendwie doch immer ein Berg bleibt. Und der Nockstein ein Symbol ist für den Widerstand und die Liebe, die ihm von den Salzburgern entgegengebracht wird.

Ⓖ   Eine Wanderung auf den Nockstein lässt sich mit einem Abstecher ins Naturidyll Koppler Moor verbinden: Am besten zur Orchideenblüte im Frühsommer.

AUFGETISCHT IM SALZBURGER LAND

Unwiderstehliche Genussadressen

VOR DEM KIRCHENWIRT IN LEOGANG

Der Kirchenwirt seit 1326

EIN HISTORISCHES GASTHAUS
SURFT IN DIE ZUKUNFT

Kirchenwirt – Leogang

22

Im Jahr 1323 wird die Kirche von Leogang das erste Mal urkundlich in den Büchern erwähnt; nur drei Jahre später findet sich auch ein Eintrag zum direkt angrenzenden Kirchenwirt. Seit beinahe 700 Jahren bilden diese beiden mächtigen, denkmalgeschützten Gebäude die zwei wichtigen architektonischen Säulen im Ort Leogang mit seinen nur rund 3.100 Einwohnern.

Und so verlässlich die Kirchturmuhr viertelstündlich schlägt, so verlässlich gut lässt es sich hinter den historischen Mauern des Kirchenwirts speisen: seit 2010 nun in fünfter Familiengeneration und unter der Führung der Geschwister Barbara und Hans-Jörg Unterrainer. Beide tingelten viele Jahre durch die Welt, sammelten Erfahrungen in unterschiedlichen Branchen: Barbara ist die Ästhetin und Trendsetterin, Hans-Jörg als ehemaliger Snowboard-Profi und Olympiateilnehmer der Querdenker und Organisator. Drei der vier Sommeliers im Haus sind zugleich Surfer. Gemeinsam mit Küchenchef und Haubenkoch Fritz Braumüller, der sein Handwerk unter anderem im Sacher in Wien erlernte, bilden sie zusammen ein dynamisches Team, dessen Ideen sich in alten Stuben und neuen Zimmern auf geniale Weise manifestieren.

Auf der Speisekarte des Gourmetwirtshauses finden sich regionale Köstlichkeiten wie etwa Wild aus der eigenen Jagd vom Spielberg, Pinzgauer Naturrind oder Alpenlachs. Die Wirtshauskarte variiert saisonal, dazu gibt es sowohl mittags als auch abends ein mehrgängiges Menü. Immer wieder ein Gaumenvergnügen ist das ›Alt Wiener Kaiserschnitzel‹ in Butterschmalz gebacken, mit Petersilienerdäpfeln und hausgemachten Grangg'n (Preiselbeermarmelade), oder die ›Noble Kost – Tafelspitz und Schulterscherzl vom Biorind mit den klassischen Beilagen‹. Getafelt wird im anheimelnden historischen Ambiente in der Habsburger Stube samt Kachelofen, in der Wirtsstube oder im romantischen Garten.

    Der Weinkeller des Kirchenwirts im schönen Gewölbe birgt ein paar ausgewählte Raritäten: etwa einen Château Mouton Rothschild 1986. Nachfragen lohnt sich!

HOCHPROZENTIGES
AUS DER DACHSTEIN DESTILLERIE
Mandlberggut – Radstadt

23

Wer Bernhard Warters Urkunden und Medaillen an der Wand hängen sieht, kann kaum glauben, dass es sich bei diesem erfolgreichen Edelbrenner um einen Quereinsteiger handelt: Vor gut 20 Jahren packte den zweifachen Vater die Lust, ›irgendwas Neues zu probieren‹. Und aus diesem ›irgendwas Neuem‹ wurden Edelbrände, die inzwischen weit über die Grenzen des Landes hinaus bekannt sind. Die Vielfalt ist riesengroß und reicht von Himbeergeist über Gelben-Muskateller-Traubenbrand bis hin zu Vogelbeerlikör.

Gebrannt wird in der Dachstein Destillerie auf 980 Metern regelmäßig, allerdings nur kleine Mengen, denn Qualität ist das oberste Gebot. Auf die Frage, was denn das Geheimnis von gutem Schnaps sei, hält sich Bernhard Warter bedeckt: »Der Edelbrand ist immer nur so gut wie die verwendeten Rohstoffe und das frische Obst, und dieses variiert eben auch von Jahr zu Jahr.« Damit muss man sich zufriedengeben; tut man aber angesichts der ausgezeichneten Tropfen gerne.

Doch die Dachstein Destillerie auf dem Mandlberggut hat noch mehr zu bieten. In einer kleinen Hütte neben der Jausenstation ist eine traditionelle Latschenbrennerei untergebracht: Hier entsteht in einem achtstündigen Brennvorgang aus frischen Kiefern duftendes ätherisches Öl. Und dann ist da natürlich noch der Whisky-Keller, wo seit 2007 Bernhard Warters größter Schatz lagert: sein selbst gebrannter ›rockwhisky‹, abgefüllt in handgemachten Eichenfässern. Wer Salzburgs ersten Whisky verkostet, schwelgt in einer feinen Vanillenote mit Honigwabe im Abgang. Intensiv holzig, elegant und würzig ist das noch junge Destillat schon jetzt. So richtig spannend wird es, wenn der Single Malt nach zwölf Jahren Fasslagerung in die Flasche darf. Bis dahin kann man getrost Edelbrände zu hausgemachten Spezialitäten wie geräucherten Forellen, Schinken, Holzofenbrot oder opulenten Torten genießen.

✍ Das Mandlberggut ist von 26. Dezember bis Anfang November geöffnet. Führungen durch die Destillerie finden an den Öffnungstagen mehrmals statt.

EIN AUGENBLICK VOLLKOMMENEN GLÜCKS
Mesnerhaus – Mauterndorf

24

›Eine gute Küche ist das Fundament allen Glücks‹, wusste bereits Auguste Escoffier, der französische Meisterkoch und Schöpfer der Grande Cuisine. Dass das Glück auch noch Steigerungsformen kennt, erfahren Gäste von Maria und Josef Steffner im Mesnerhaus: Wer sich an einem der Tische im ersten Stock des Gebäudes aus dem 14. Jahrhundert niederlässt und den Gruß aus der Küche erhält, ahnt bereits, wie gut Josef Steffner sein Handwerk beherrscht.

Doch mit Handwerk alleine würde man diesen optischen und geschmacklichen Kunstwerken nicht gerecht werden: Es ist tatsächlich die höchste Stufe der Küchenkunst, die den Steffners inzwischen die dritte Gault-Millau-Haube (17 Punkte) eingebracht hat. Dass die beiden dabei ganz bescheiden geblieben sind, hat wohl mit ihrer Herkunft und ihrer Leidenschaft zu tun: Die beiden gebürtigen Lungauer sind nach Jahren in der Schweiz in ihre Heimat zurückgekehrt, um dort ihren ganz persönlichen Weg des Herzens zu gehen.

Dass das nicht leicht werden würde, ahnten sie schon im Vorhinein. Immerhin ist Mauterndorf keine pulsierende Weltmetropole. Doch inzwischen hat sich herumgesprochen, welch kulinarische Wunder im Mesnerhaus vollbracht werden. 1.000 Kilometer nimmt so mancher Gast auf sich, um sich ganz dem Genuss hinzugeben. Zwischen drei und fünf Gänge umfasst das kleine Menü ›Lebensfreude‹, sechs bis zwölf Gänge die ›Große Verführung‹.

Wer dem Küchenchef vertraut – und das darf man allemal – lässt sich einfach überraschen von dem, was er in vielen Hunderten von Handgriffen auf den Teller zaubert. Und von dem, was seine Frau als Weinbegleitung dazu auswählt. Regionale Küche mit internationalem Hauch, so in etwa könnte man die Philosophie der beiden beschreiben. Doch wie beschreibt man etwas so Köstliches, das sich ja doch nur erschmecken lässt? Man muss es halt probieren!

✐ Im kleinen Shop des Mesnerhauses finden sich feine Köstlichkeiten aus dem Lungau wie etwa Sirup und Fruchtgeleewürfel aus Trausners Genusswerkstatt.

SPIESSALM /// LAMMERTAL 155 /// 5523 ST. MARTIN /// 06 64 / 9 91 78 57 /// WWW.SPIESSALM.AT ///

DAS KÄSEPARADIES AUF ERDEN

Spießalm – St. Martin

Wer durch die Tür der urigen Spießalm tritt, steht gleich mitten in der alten Rauchkuchl. Diese ist ein Relikt längst vergangener Zeit, denn die über 350 Jahre alte Hütte selbst wurde 2012 einem kleinen Anti-Aging-Programm unterzogen, das ihr außerordentlich gutgetan hat: Neben dem alten Stüberl gibt's einen neuen Raum, der mit viel Holz und Fleckerlteppichen einladend und gemütlich ist und sich der alten Substanz bestens anpasst. Hier lässt es sich auch bei regnerischem oder kühlem Wetter gut aushalten und es gibt absolut keine Ausrede, den gut halbstündigen Aufstieg vom Parkplatz in Lungötz auf die Alm auf 1.230 Meter Seehöhe nicht in Angriff zu nehmen. Belohnt wird dieser Ausflug in jedem Fall, denn Altbäuerin und Sennerin Gerti Lanner freut sich bei jedem Wetter über Gäste und tischt auf, was der Bio-Bauernhof im Tal hergibt: Und das sind vor allem feinste Käsesorten, die Schwiegertochter Marianne Lanner ganz vorzüglich in der eigenen Hofkäserei zaubert.

Gemolken werden die neun Milchkühe, wie es sich gehört, auf der Alm: Auch die freuen sich über ein paar moderne Einrichtungen, wie etwa einen praktischen Melkstand. Nach der morgendlichen Prozedur wird die Milch ins Tal gebracht, um dort fachmännisch weiterverarbeitet zu werden, etwa zu köstlichem Almkäse, Kugerlkäse, Buttermilchkäse, Graukäse oder Lungauer Käse. Die Molke, die bei der Milchverarbeitung übrig bleibt, wird an die Schweine am Hof verfüttert und die sind die Grundlage für den feinen Speck, der zur Brettljause auf der Spießalm dazugehört. Manchmal gibt es auch Kaspressknödel oder Speckknödel, doch wie es auf den sieben Tennengauer Käsealmen Tradition ist, dreht sich auf der Spießalm alles um die feinen Köstlichkeiten, die aus der frischen Almkräutermilch hergestellt werden.

Die Spießalm ist von Anfang Juni bis Anfang Oktober täglich ab 11 Uhr geöffnet.

⌖   Der Tennengau ist eine Käse-Genuss-Region mit sieben Käsealmen, sechs Almkäsereien und dem AlmKäseFest. Weitere Infos unter www.tennengauer-almkaese.at

HIASNHOF /// FAMILIE NAYNAR-LANSCHÜTZER ///
5571 GÖRIACH 31 /// 0 64 83 / 2 19 ///

FRANZÖSISCHE KÄSEKUNST AUS DEM LUNGAU

Hiasnhof – Göriach

25

Darf ich vorstellen: 16 kecke Gemsfarbige Gebirgsziegen, noch einmal so viele Kühe und ein Ehepaar, das seit Jahren unbeirrt seinen Weg geht. Was bei dieser Kombination herauskommt? Einer der besten Rohmilchkäse Österreichs. Gourmetkritiker loben ihn in als ›ganz großen Käse‹, Spitzenköche reißen sich um ihn. Nur die Bauersleute Margarethe und Gunther Naynar-Lanschützer vom Hiasnhof lässt das unbeeindruckt: Sie arbeiten nicht wegen des Lobes, sondern wegen der Liebe zum Handwerk und zu ihren Tieren. Diese werden täglich gemolken und ausschließlich ihre Milch dient der Käseherstellung auf dem Biohof.

Das Käsemachen hat Gunther Naynar bei griechischen Hirten gelernt. Seit Jahren entsteht unter seinen geschickten Händen auf dem Hiasnhof eine wunderbare Vielfalt an Ziegenfrischkäse mit kreativen Zutaten wie etwa Wacholdernadeln oder Bohnenkraut aus dem Garten. Drei Wochen Reifezeit benötigt der Weichkäse in Meisterwurzblättern. Der typische ›Chèvre‹ – der Ziegenkäse in Weißschimmel – lagert drei Monate im Käsekeller. Noch länger – nämlich zwei bis drei Jahre – benötigt der Bergkäse, um seinen vollen Geschmack zu entwickeln. Aus der Kuhmilch entstehen Tilsiter, Bergkäse, Hartkäse in Asche gereift und Hartkäse mit Blauschimmel. Verkauft wird der Käse ab Hof und auf den Wochenmärkten in Tamsweg und St. Michael jeden Freitag – das ist Gunther Naynar am liebsten, denn er ist überzeugt: »Lebensmittel schmecken dort am besten, wo sie hergestellt werden und unser Käse soll Teil der Lungauer Esskultur bleiben und nicht den Gästen von Haubenrestaurants vorbehalten sein.«

Der Hiasnhof liegt auf 1.230 Metern Seehöhe zwischen Göriach und Fern: Schild zum Hof gibt es keines. Ohne Navigationsgerät braucht es ein bisschen Ausdauer, um den ›geheimsten Käse‹ des Lungaus zu entdecken. Aber so manchem Gourmet weist Hündin Bella schwanzwedelnd den Weg.

🐾 Gunther Naynar hat als Slow-Food-Botschafter auch die Sorte des Lungauer Tauernroggens wiederbelebt: Sein Frau bäckt köstliche Lebkuchen und Brot daraus.

S Kräuter

br. Lachs

Basilik

DER SCHÜTZENWIRT /// DORF 96 ///
5412 SANKT JAKOB AM THURN /// 06 62 / 63 20 20 20 ///
WWW.GASTHAUS-SCHUETZENWIRT.AT ///

SALZBURGS ERSTE ADRESSE FÜR BIO-LIEBHABER

Schützenwirt – St. Jakob am Thurn

26

Vom Schützenwirt zu erzählen und dabei nicht ins Schwärmen zu geraten, ist schwierig. Denn schon das kleine Dorf St. Jakob am Thurn mit Blick auf das mächtige Göllmassiv, mit der romanischen Kirche und den bunten Häusern verzaubert mit seinem Charme: Dass sich hinter den imposanten Mauern des Dorfwirts Salzburgs erstes Bio-Restaurant verbirgt, passt ins Idyll und ist doch irgendwie ungewöhnlich.

Eigentümer Daniell Porsche ist Musiktherapeut und Waldorfpädagoge und hat sich ganz von seiner philanthropischen Motivation leiten lassen: Stube und Wintergarten sind nach anthroposophischen Aspekten eingerichtet. Ins Auge fallen der Brotbackofen, der Kachelofen, die natürlichen Materialien, die liebevollen Details. Von der Terrasse schweift der Blick in den Garten, der auch von den Schülern der angrenzenden Paracelsus Schule genutzt wird.

Auf den Tisch kommen ausschließlich hausgemachte, zu 100 Prozent biologische Gerichte mit von Hand verlesenen saisonalen Zutaten – viele davon aus der Region. So etwa Salzburger Bio-Spargel, Bio-Himbeeren aus dem Wiestal oder Fleisch vom St. Jakober Bio-Weideschwein. Die Speisenkarte wechselt im Zwei-Monats-Rhythmus: Nur die Klassiker wie die Rindssuppe, Wiener Schnitzel und der handgezogene Apfelstrudel sind immer mit dabei. Unwiderstehlich: das zu Vollmond gebraute Jakobsgold-Bier.

»Qualität ist unser oberster Anspruch. Neben einem ehrlichen und guten Essen für unsere Gäste liegen uns die schonende Zubereitung und der behutsame Umgang mit der Natur und den Tieren am Herzen«, sagt Daniell Porsche. »Unser Bestreben ist es, Gästen einen Ort zu bieten, wo sich jeder wohlfühlt – vom Wanderer über die Großfamilie, vom gestandenen Landwirt bis hin zum Vegetarier. Gutes Essen verbindet und kennt keine Unterschiede.« So menschlich. Und so sympathisch.

☞ Das Bio-Sommer-Picknick ist ein feines Extra: Mit einem prall gefüllten Korb voll Leckerien geht's auf eine romantische Wiese zum stilechten Naturgenuss.

WINTERSTELLGUT /// BRAUNÖTZHOF 4 /// 5524 ANNABERG ///
0 64 63 / 60 07 80 /// WWW.WINTERSTELLGUT.AT ///

UNAUFGEREGTE NOBELADRESSE
ZUM VERLIEBEN

Winterstellgut – Annaberg

27

Sein Ruf eilt dem Winterstellgut in Annaberg voraus. »Annaberg?«, fragen die Salzburger laut. »Das ist ja gar nicht in der Stadt!«, denken sie heimlich und tun beeindruckt. Und dann kommen sie doch alle, denn das Winterstellgut muss man halt auch als Städter gesehen haben. Manche reisen sogar mit Hubschrauber an, was dann wiederum die Einheimischen mit verwunderter Miene taxieren. Die kommen nämlich gern zu Fuß und in Wanderschuhen, mit dem Mountainbike oder im Winter mit Tourenskiern. Denn obwohl das Winterstellgut eine feine Nobeladresse ist und Küchenchef Erwin Werlberger sowohl mit einer Gault-Millau-Haube als auch für seine ›unaufgeregte, heimatverbundene‹ Küche mit der ›Trophée Gourmet 2013‹ ausgezeichnet wurde, herrscht hier eine entspannte Atmosphäre. Selbst der Wildhase fühlt sich im Kräutergarten wohl.

Das Winterstellgut auf 975 Metern Seehöhe – im 16. Jahrhundert als winterfester Pferdestall erbaut – lag einige Jahrzehnte im Dornröschenschlaf, bis es 2004 wachgeküsst wurde. Heute ist es eine gelungene Kombination aus neu erbauter Moderne mit allen luxuriösen Annehmlichkeiten und alter Tradition, die sich in Architektur und Materialien widerspiegelt. Und auch die Pferde sind zurückgekehrt.

Auf die Teller der gedeckten Tische in den Stuben und im Garten kommen Produkte aus der Region wie Lungauer Almochse, Tauernlamm, Wild oder Süßwasserfische. Mit viel Liebe zum Detail entstehen daraus Köstlichkeiten wie lauwarmer Seesaibling auf Spitzkraut, feine Variationen vom Fritztaler Freilandschwein oder flaumige Zwetschkenknödel mit Butterbrösel. Begleitet von österreichischen Weinen und vollmundig abgeschlossen durch eine auf dem Winterstellgut gebrannte ›Salzburger Birne‹. Wenn Sie einen Besuch planen, sollten Sie reservieren, denn die einst so skeptischen Städter sind längst passionierte Stammgäste geworden.

🖉 Wer das Winterstellgut länger auskosten möchte, bleibt über Nacht: In den fünf Zimmern schläft man himmlisch und träumt schon vom Frühstück.

Was tun, wenn man sich nach Sonne, Strand und Urlaub sehnt, völlig überarbeitet ist und keine Aussicht auf eine Auszeit besteht? Vergessen Sie die Alternative Solarium oder Kitschfilm! Greifen Sie zum Telefon, reservieren Sie (rechtzeitig!) einen Tisch in Edenbergers Café am See in erster Reihe und beginnen Sie, für schönes Wetter zu beten. Das bildet nämlich Kulisse und Voraussetzung zugleich für einen unvergesslichen Abend.

Dieser Platz am Fuschlsee gehört mit zum Schönsten, was das Salzkammergut zu bieten hat. Hier erleben Sie Sommerfrische vom Feinsten: Abendliche Schwimmer und quakende Enten drehen ihre letzten Runden, auf den Balkonen werden die Bikinis zum Trocknen aufgehängt und ein paar Urlaubsgäste flanieren auf der Seepromenade.

Nirgendwo zaubert die Sonne so schöne Reflexe ins Glas mit dem orangefarbenen Aperol Spritz. Nirgendwo trifft mediterranes Flair so gekonnt auf traditionelle Salzkammergut-Bootshäuser. In der Ferne erahnt man das Schloss Fuschl und langsam bewegt sich die Sonne über den Bergrücken in Richtung Westen. Wer will da schon nach Capri?

Die Geschwister Elisabeth und Markus Edenberger ruhen sich nicht darauf aus, über die schönste Lage am See zu verfügen. Qualität ist ihnen wichtig, alles wird frisch gekocht: Die Pizza aus dem Holzofen, die hausgemachten Ravioli mit Steinpilzfüllung, die Pasta mit Muscheln, das Wiener Schnitzel oder der Saibling aus dem Fuschlsee. Auch die Flaschenweine werden glasweise ausgeschenkt – aus Prinzip.

Kein Wunder, dass die Anzahl der Stammgäste hoch ist. Die meisten davon sind Einheimische. Wer trotz aller guten Ratschläge nicht reserviert hat, darf sich über eine sympathische Sitzordnung freuen: Pizza und Getränke werden auch ganz unkompliziert auf dem sonnenwarmen Steg serviert. Fast auf Augenhöhe mit den quakenden Enten.

☞   Es gibt nur 50 Plätze direkt am See und diese sind bei schönem Wetter heiß begehrt. Eine telefonische Reservierung ist also unbedingt notwendig.

DAS GEHEIMNIS DES ALMWUZELS

Lindlalm – Leogang

Viele Einheimische kommen extra wegen ihm. Und auch bei den Touristen hat er sich schon herumgesprochen. Wer sich der Lindlalm auf 1.600 Metern Seehöhe nähert, nimmt oftmals schon am Gatter seinen Duft wahr und weiß: Lang ist es nicht mehr hin und man hat seinen eigenen Almwuzel auf dem Teller. Samt Preiselbeermarmelade oder Apfelmus. Gezaubert von Almwirtin und Lindlgut-Altbäuerin Resi Schuster. Sie könnte den Almwuzel wahrscheinlich im Schlaf zubereiten, für die Gäste aber ist es immer wieder ein Erlebnis. Denn dieses Schmankerl – eine Mischung aus Kaiserschmarrn und Salzburger Nockerln – wird von Resi Schuster mit so viel Versiertheit auf dem Holzofen gezaubert, dass man sogar die weitere Wanderung auf das 2.044 Meter hohe Spielberghorn darüber vergisst.

Das Geheimnis des Almwuzels liegt gar nicht so sehr im Rezept, sondern in der Geduld: Wehe, irgendjemand käme auf die Idee, den Deckel von der Pfanne zu heben. Der Almwuzel würde es einem nicht verzeihen und in Sekundenschnelle zusammenfallen. Was wiederum die hungrigen Gäste nicht dulden könnten.

Auch die Brettljause mit Speck, geselchtem Rindfleisch, Hirschwurst, Verhackertem und das täglich frisch gebackene Brot lässt den Magen plötzlich ungewöhnlich laut knurren. Resi serviert hausgemachte Kas-, Speck- und Leberknödel; außerdem stellt sie jeden Sommer 100 Liter Hollersirup für ihre Gäste her. Dem altgediegenen Spruch, dass es auf der Alm keine Sünde gebe, kommt auf der Lindlalm eine ganz neue Bedeutung zu.

Die Wahl fällt also schwer: Brettljause oder Almwuzel? Oder alles in dieser Reihenfolge und nur von einem selbst gebranntem Obstler oder Vogelbeerschnaps unterbrochen? Mit Blick auf das 24 Hektar große Almengebiet lässt es sich himmlisch sinnieren, bis einem wieder der Duft dieses fluffig-süßen Etwas um die Nase weht. Dann ist die Sache ganz schnell entschieden.

🖎 Die alte Hütte stammte aus dem 17. Jahrhundert: Nach einem Brand wurde die Lindlalm 1996 in kanadischer Blockbauweise wieder aufgebaut.

EIN TAG IN DER MOZARTSTADT

Auf Entdeckungsreise durch Salzburg

STEPHAN BALKENHOLS ›SPHAERA‹ AUF DEM KAPITELPLATZ IN SALZBURG

MOZARTS GEBURTSHAUS /// GETREIDEGASSE 9 /// 5020 SALZBURG ///
06 62 / 84 43 13 /// WWW.MOZARTEUM.AT ///

Nichts gegolten hat er in Salzburg, am Hofe des Erzbischofs. Sein Talent hat die hohe Herrschaft nicht geschätzt, sein Können nicht angemessen entlohnt. ›Wie dilettantisch‹, mag man im Nachhinein denken. Damals aber ließ man Wolfgang Amadeus Mozart ziehen. Um ihn Jahre später als großen Sohn der Stadt wieder nach Hause zu holen. Jedoch nur im übertragenen Sinne, denn der Komponist wurde – wie damals üblich – gleich mit mehreren Toten in Wien beigesetzt: letzte Adresse unbekannt!

Da seine Ruhestätte nicht als Pilgerstätte dienen kann, wird dem Salzburger Altstadthaus in der Getreidegasse 9 diese Ehre zuteil. Hier erblickte das ›musikalische Wunderkind‹ Wolfgang Amadeus Mozart am 27. Jänner 1756 als Sohn des Vizekapellmeisters Leopold Mozart und Anna Maria Mozart, geborene Pertl, das Licht der Welt.

Über 300.000 Besucher und Musikliebhaber kommen jährlich. Klug ist, wer die Hochsaison meidet. Das Alleinsein in den Räumlichkeiten ist ein rarer Genuss: Zu Beginn der Ausstellung im dritten Stock empfangen den Besucher gedämpftes Licht, eine von Mozartklängen durchsetzte Stille und ausgesuchte Ausstellungsstücke wie Haarlocken, die Kindergeige, Portraits und Briefe aus dem Nachlass. Die Aura des Genies scheint sich zu einer schier greifbaren Atmosphäre zu verdichten. Die originalen Räume mit dem Geburtszimmer sind unaufgeregt, schlicht und von architektonischer Ursprünglichkeit.

Während man Stockwerk für Stockwerk durch das Haus, über die Außentreppe und den Arkaden-Innenhof nach unten wandert, kommt man dem Komponisten in unterschiedlichen Ausstellungen sehr nah: Seinen Lebensumständen, seinem Werk, seinem Tod. Doch der magische Moment ist dann schon wieder lange vorbei: Der war nämlich genau dort, wo man im dritten Stock über die Schwelle in den ersten Raum trat, die Holzdielen unter den Füßen knarzten und Mozart erklang.

✍ Auch Mozarts Wohnhaus am Marktplatz kann besichtigt werden: Hier lebte W. A. Mozart acht Jahre lang, bevor er Anfang 1781 endgültig nach Wien zog.

SALZBURGER MARIONETTENTHEATER /// **SCHWARZSTRASSE 24** ///
5020 SALZBURG // **06 62 / 87 24 06** /// **WWW.MARIONETTEN.AT** ///

KLEINE ›MENSCHLEIN‹ SPIELEN GROSSE OPERN

Salzburger Marionettentheater – Schwarzstraße

30

›Sold out‹ – ausverkauft – ist auf den Plakaten in New York City zu lesen, wenn das Salzburger Marionettentheater im Kammermusiksaal des Metropolitan Museum of Art gastiert. Und das kommt gar nicht so selten vor, denn die New Yorker lieben die charakterstarken ›Menschlein‹ aus Salzburg schon seit deren erster Amerika-Tournee 1951/52.

In ihrer Heimatstadt haben es die von Hand geführten Puppen schwerer: Schier übermächtig ist das kulturelle Angebot in der Mozartstadt. Beim Thema Puppentheater rümpfen viele die Nase – zu Unrecht! Seit 1913 verführen die Salzburger Marionetten in die Welt der Musik, der Oper und des Schauspiels: Rund 1.000 verschiedene Puppen spielten, tanzten und sangen ›playback‹.

Bis zum Tod von Gretl Aicher im Jahr 2012 prägte die Gründerfamilie über drei Generationen die künstlerische Ausrichtung des Theaters: Das Repertoire reicht von Mozarts ›Così fan tutte‹ über ›Sound of Music‹ bis hin zu ›Die Fledermaus‹, traditionell an Silvester aufgeführt. Jede Marionette wird mithilfe von zehn bis zwölf Fäden geführt. Ihre menschlichen Gesichtszüge, die zarten Glieder und die anmutige Grazie sind einzigartig. Geschäftsführerin Barbara Heuberger würde eine Salzburger Marionette allein am Aussehen erkennen. Sie ist sich sicher: »Das Marionettentheater ist perfekt dafür geeignet, um auch Kinder mit dem Genre der Oper vertraut zu machen.«

Die ›Zauberflöte‹ in der Kinderversion dauert 70 Minuten. 70 Minuten, in denen die drei Meter breite und einen Meter hohe Bühne zum Mittelpunkt der Welt wird: Sogar der pompöse Vorstellungsraum – im ausgehenden 19. Jahrhundert einst Speisesaal des Hotel Mirabell – rückt in den Hintergrund. Pamina, der Vogelhändler und die Königin der Nacht erwachen zum Leben: so echt, dass man am liebsten am Bühnenausgang warten möchte, um ein Autogramm von ihnen zu ergattern.

✍ Das Museum ›Welt der Marionetten‹ auf der Festung Hohensalzburg beherbergt eine große Sammlung von historischen Marionetten aus berühmten Opern.

HIMMLISCH GUTES BROT

Stiftsbäckerei St. Peter – Kapitelplatz

31

An einem Dienstagmorgen um neun Uhr auf dem Kapitelplatz: Stephan Balkenhols Skulptur ›Sphaera‹ glänzt in der Sonne, ein paar Männer stellen zum ersten Mal an diesem Tag die Figuren auf das Straßenschachbrett.

So weit, so gut. Wäre da nicht das unsichtbare Rauschen eines Baches mitten in der Altstadt und der himmlische Duft von frisch gebackenem Brot aus unbestimmter Richtung. Tatsächlich handelt es sich nicht um Sinnestäuschungen, sondern um die irdischen Versuchungen der ältesten Bäckerei Salzburgs. Seit Mitte des 12. Jahrhunderts wird genau an diesem Standort in direkter Nachbarschaft mit dem Friedhof und den Katakomben Brot gebacken. Mittlerweile ist die Stiftsbäckerei St. Peter die letzte verbliebene Bäckerei in der Altstadt, in der noch in echter Handarbeit Brot und Gebäck hergestellt wird.

Doch das ist nicht die einzige Besonderheit: Wunderbar nostalgisch ist auch der Verkaufstresen, der sich direkt in der Backstube befindet und natürlich das Wasserrad samt der Figur des heiligen Nepomuk am Almkanal. Dieser wurde im Jahr 1140 erbaut und leitet Wasser aus der bayerischen Königsseeache unterirdisch in die Salzburger Altstadt. Seit 2006 wird damit der hauseigene Strom für die Bäckerei erzeugt. Überhaupt geht es in dem Klimabündnisbetrieb sehr bodenständig zu: Das Fichtenholz für den Ofen stammt aus den klostereigenen Wäldern, der Roggen aus dem Waldviertel.

Gebacken wird an fünf Tagen in der Woche: Ab 7.30 Uhr kommt das Roggenbrot aus dem Holzofen, das nach einem geheimen Rezept und ohne Geschmackszusätze hergestellt wird. Etwa zwei Stunden später wandern Vinschgerl, Gewürzweckerl, Brioche, Dinkelmilchbrot und Milchbrotzopf über den Tresen. Obwohl liebevoll verpackt, halten sich diese Köstlichkeiten nicht lange: Spätestens am schmiedeeisernen Tor ist man der Versuchung des ersten Bissens schon erlegen.

✍ Jedes Jahr im September kann der Salzburger Almkanal – das älteste Wasserversorgungssystem Mitteleuropas – bei einer Stollenführung ›erwandert‹ werden.

ALTE RESIDENZ /// RESIDENZPLATZ 1 /// 5020 SALZBURG ///
06 62 / 80 42 26 90 /// WWW.RESIDENZ-SALZBURG.AT ///
WWW.DOMQUARTIER.AT ///

RUNDGANG DURCH
200 JAHRE STILGESCHICHTE
Alte Residenz – Residenzplatz

32

Die Alte Residenz diente den Erzbischöfen einst als Stadtpalais und war eine einzigartige Zurschaustellung ihrer allumfassenden Machtposition. Erbaut unter Erzbischof Wolf Dietrich von Raitenau zu Beginn des 17. Jahrhunderts wurde sie von seinen Nachfolgern noch erweitert. Wer hierher kam und um eine Audienz bat, konnte die Räume nicht in seinem eigenen Tempo und Gutdünken durchschreiten: Stundenlang mussten die Gesandten warten, bis man sie auf Geheiß des Erzbischofs vorließ oder wegschickte.

Wer heute die Residenz besichtigt, kann in etwa erahnen, wie klein man sich angesichts dieses demonstrativen Reichtums gefühlt haben muss: Vom Carabinieri-Saal – hier war die bewaffnete Leibgarde des Erzbischofs stationiert – geht es durch die immer wertvoller ausgestatteten Räume Rittersaal, Ratszimmer und Antecamera bis in den Audienzsaal, der den prunkvollen Abschluss der offiziellen Empfangsräume bildet. Der Privatbereich der Fürsterzbischöfe umfasste das Arbeitszimmer, das Schatullenzimmer, das Schlafzimmer, die Schöne Galerie, den Thronsaal, den Weißen Saal, das Grüne Zimmer und den Kaisersaal.

Sich hier einen Lieblingsplatz zu suchen, fällt schwer: Sowohl in dem Konferenzzimmer als auch im würdevollen Thronsaal fanden Konzerte von W. A. Mozart statt. Venezianische Spiegel, klassizistische Keramiköfen, hochbarocke Deckenstucks mit Blattgold ziehen die Blicke auf sich. Geradezu unaufgeregt wirkt im Kontrast dazu das Grüne Zimmer, das einst als Audienzzimmer für bürgerliche Bittsteller diente. Der Hausaltar in Form eines Tabernakelschranks und die Marmorbüste einer Stadtgöttin lassen nach der prunkvollen Zimmerflucht geradezu aufatmen. Der neue Museumsrundgang durch das barocke Domquartier Salzburg verdeutlicht, wie sehr die Erzbischöfe als geistige und weltliche Machthaber die Stadt architektonisch geprägt haben.

🗝 Das Gebäudeensemble rund um den Domplatz war das Machtzentrum des einstigen Fürsterzbistums Salzburg. Start- und Endpunkt des neuen Domquartier-Rundgangs ist die Residenz.

**KIRCHE ST. SEBASTIAN UND FRIEDHOF /// LINZER GASSE 41 ///
5020 SALZBURG /// 06 62 / 87 52 08 ///
WWW.KIRCHEN.NET/ST_SEBASTIAN ///**

**SALZBURG INFO /// AUERSPERGSTRASSE 6 /// 5020 SALZBURG ///
06 62 / 8 89 87 - 0 /// WWW.SALZBURG.INFO ///**

Meistens besuchen Touristen den St.-Peters-Friedhof im Rahmen einer Stadtführung. Gut so, mögen sich diejenigen denken, die den stillen Sebastiansfriedhof vorziehen. Dieser liegt – völlig uneinsichtig von der Linzer Gasse – hinter der Kirche St. Sebastian; und kaum tritt man durch seine Pforten, verebbt der Lärm der Stadt: Munteres Vögelgezwitscher vermischt sich mit dem kehligen Krächzen der Krähen.

Der Sebastiansfriedhof wurde unter Erzbischof Wolf Dietrich von Raitenau in den Jahren 1595 bis 1600 als einer der ersten ›Camposanti‹ nördlich der Alpen errichtet und weist die dafür typischen Merkmale auf: Die in sich geschlossene Form von beinahe quadratischen Ausmaßen und der nach innen offene Bogengang mit 88 Grüften. In der Mitte des Gottesackers ließ der Erbauer ein Mausoleum im Stil der Spätrenaissance errichten: Die prächtig ausgestattete Gabrielskapelle ist, ebenso wie der Friedhof, ein Repräsentativbau. Auf dem kleinen Pfad dorthin passiert man das Grab von Constanze Weber, Wolfgang Amadeus Mozarts Witwe, in dem auch Vater Leopold Mozart beerdigt ist.

Die Sensation verbirgt sich jedoch in den Arkaden: Die pompösen Grabmäler von Salzburgs Bürgerfamilien zeugen von dem wirtschaftlichen Wohlstand dieser Zeit und sind eine wahre Stilschau von 1600 bis 1850.

Der Architekt und Hofbaumeister Elia Castello fand 1602 hier ebenso seine letzte Ruhestätte wie Philippus Theophrastus Aureolus Bombastus von Hohenheim, besser bekannt als Paracelsus, dessen Grab erst 1752, also 200 Jahre nach seinem Tod, hierher verlegt wurde. Doch auch die gewöhnlichen Familiengrufen erzählen Geschichten: Von einjährig verstorbenen Kindern, einem römischen Reichsritter, einer gewesenen bürgerlichen ›Bierbräuerin‹, dem Leibarzt oder dem zärtlich treuen Gatten. Geschichten, die das Leben überdauern; zu lesen wie Episoden aus längst vergangenen Zeiten.

🕯 Gänsehaut zur Geisterstunde: Die rückwärts liegenden Zimmer des Hotel Wolf Dietrich haben Friedhofblick. Ungewöhnlich, aber auch unvergesslich!

TRADITIONELLER BIERGENUSS
MIT UNDERSTATEMENT

Augustiner Bräu – Mülln

34

»Bei uns sitzt der Primararzt neben dem Obdachlosen und der Student neben dem Gast aus Japan«, sagt Braumeister Johann Höplinger vom Augustiner Bräu und ein bisschen Stolz klingt in seiner Stimme mit. Und der ist berechtigt: Immerhin ist das Müllner Bräu eine echte Institution bei den Einheimischen, für Gäste hingegen eine attraktive Sehenswürdigkeit.

Vier große Säle mit über sechs Metern Raumhöhe, wunderschönen Jugendstil-Leuchten und holzgetäfelten Decken bieten Platz für bis zu 800 Gäste. Schilder und Plaketten an den Wänden verweisen auf die rund 150 Stammtischrunden, die sich hier regelmäßig einfinden: darunter ›Die Z'samgwürfelten‹ oder ›Die Freigänger‹.

Im Sommer trifft man sich im Kastaniengarten mit weiteren 1.400 Sitzplätzen. Dazusitzen ist nicht nur erlaubt, sondern eine Pflicht. Ebenso wie die Selbstbedienung: Für das kernig-markante Märzenbier muss erst der Steinkrug am Brunnen von Hand gespült werden, bevor er frisch vom Schankkellner gefüllt wird. Eine kalte oder warme Jause gibt es auch: Im Schmankerlgang bieten regionale Produzenten Köstlichkeiten wie Speckplatten, Steckerlfisch oder Strudel.

Das Müllner Bräu ist durch und durch authentisch und das seit 1621, als die Augustinermönche mit der Gründung des Klosters in Salzburg auch die Brau- und Schankerlaubnis erhielten. 1921 wurde neu gebaut, doch die Braumethoden haben sich seither kaum geändert: Österreichweit einzigartig ist beispielsweise das Kühlschiff im Dachgeschoss zur Abkühlung der Vorderwürze sowie die ausschließliche Abfüllung in Holzfässer. Braumeister Höplinger weiß diese musealen Gerätschaften professionell einzusetzen. Übers Jahr werden rund 12.000 Hektoliter Märzenbier, Fastenbier und Bockbier gebraut. Das meiste davon wird direkt im Müllner Bräu getrunken: Von Gästen, die gutes Bier schätzen und sich über jeden Tischnachbarn freuen.

Eine humorige Stadtführung der besonderen Art ist die Historische Bierwanderung durch Salzburg: Sie endet mit einer Jause im Augustiner Bräu.

JEDEN DONNERSTAGVORMITTAG IST SCHRANNE AM MIRABELLPLATZ.
IST DER DONNERSTAG EIN FEIERTAG, WIRD DER MARKT AUF MITTWOCH
VORVERLEGT.

SALZBURGER AGRAR MARKETING /// KLESSHEIMERSTRASSE 1 ///
5071 WALS-SIEZENHEIM /// 06 62 / 85 09 89 ///
WWW.SALZBURGERSCHRANNE.AT ///

CAFÉ FINGERLOS /// FRANZ-JOSEF-STRASSE 9 /// 5020 SALZBURG ///
06 62 / 87 42 13 /// WWW.CAFE-FINGERLOS.AT ///

EIN WOCHENMARKT ZUM SEHEN UND GESEHEN-WERDEN

Salzburger Schranne – Mirabellplatz

35

Für viele Salzburgerinnen und Salzburger gehört der Donnerstag zu den schönsten Tagen in der Woche: Das Wochenende ist nicht mehr weit und am Vormittag ist Schranne! Seit 1906 ist sie Salzburgs größter und bekanntester Wochenmarkt – ein Pflichttermin für Einheimische und eine Sehenswürdigkeit für Besucher. Die rund 190 Standlerinnen und Standler haben so gut wie alles im Angebot, was die Herzen passionierter Hobby-Köchinnen und Gourmets begehren. Die meisten Produkte – vom Tauernlamm über die Spinatknödel bis hin zu den Bio-Schwarzwurzeln – stammen aus Salzburg, dem angrenzenden Oberösterreich oder Bayern, bäuerliches Flair inklusive!

Daneben gibt's internationale Spezereyen wie französischen Ziegenkäse, irischen Lachs, griechisches Olivenöl oder italienische Pasta. Vieles ist von Hand gemacht: So etwa die sagenhaft köstlichen Kaspressknödeln und die Bauernkrapfen von Bäuerin Rosa Breitfuß aus Seekirchen. Oder das unwiderstehliche Grammelschmalz und der Lochener Prosciutto der Privatkäserei Stockinger aus Lochen.

Besonders stimmungsvoll ist die Schranne vor hohen kirchlichen Feiertagen wie etwa Weihnachten oder Ostern: Selbst gebundene Türkränze und Mistelzweige finden sich hier ebenso wie die ersten Palmkätzchen, prachtvolle Tulpensträuße oder kleine Butterlämmer zur österlichen Speisenweihe. Alles, was in Salzburgs Haushalten Tradition hat, kann hier gekauft werden.

Wer am Donnerstagvormittag in eines der naheliegenden Kaffeehäuser möchte, braucht Geduld und Glück: Schon an den Eingängen sorgen prall gefüllte Einkaufskörbe und Trolleys für Staus. Denn den krönenden Abschluss eines Schrannenbesuchs bildet natürlich ein Kaffee mit Freunden. Wer hingegen den Köstlichkeiten gleich am Markt erliegt, dem sei ein frisches Backhenderl samt Erdäpfelsalat oder eine Fischsuppe mit einem Glas Prosecco empfohlen.

✍ An vielen Ständen wird ab 12 Uhr ›abverkauft‹. Es zahlt sich also aus, ein bisschen später zu kommen, auch wenn man dann nicht mehr die große Auswahl hat.

SCHLOSS HELLBRUNN /// FÜRSTENWEG 37 /// 5020 SALZBURG ///
06 62 / 8 20 37 20 /// WWW.HELLBRUNN.AT ///

Wasser gilt seit jeher als Quell des Lebens: Kaum jemand aber ließ das Element so humorig und ästhetisch inszenieren wie Erzbischof Markus Sittikus von Hohenems. Im Jahr 1613 begann man mit dem Bau des Lustschlosses Hellbrunn nach dem italienischen Vorbild einer ›Vorstadtvilla‹.

Der erzbischöfliche Lustort sollte Heiterkeit versprühen und der Modekrankheit Melancholie entgegenwirken. Geht man heute zum Salzwasser-Floating oder ins Spa, versprachen im 17. Jahrhundert die Wasserspiele mit Brunnen, Grotten und Wasserautomaten Genesung von zu viel Grübelei. Denn der Erzbischof verschonte niemanden mit seinen feucht-fröhlichen Späßchen – schon gar nicht seine illustre und erlesene Gästeschar.

Noch heute nehmen Besucher ahnungslos auf den steinernen Hockern um den Fürstentisch im ›Römischen Theater‹ Platz: Und springen – lachend und kreischend – mit nassem Hosenboden wieder von ihren Sitzplätzen hoch. Ab nun ist der Bann gebrochen: Wasserdüsen werden an den Wänden und auf den Böden gesucht. Doch der Erzbischof war erfinderisch und ein Technik-Freak seiner Zeit.

Übersehen Sie also nicht die Hirsche am Eingang – oder besser am Ausgang – der Neptun-Grotte, auch wenn Sie noch in der Erinnerung an die durch Wasserkraft erzeugten Vogelstimmen in der venezianischen Spiegelgrotte schwelgen. Ein weiterer Höhepunkt ist das originale Mechanische Theater mit der Darstellung einer barocken Kleinstadt von 1750 mit mehr als 100 beweglichen Holzfiguren und hydraulischer Orgel.

Das Ambiente von Hellbrunn gehört mit zum Schönsten, was Salzburg zu bieten hat: Anstatt sich an streng geometrische Formen zu halten, passte man die Schlossanlage samt Park, Wasserspielen, Monatsschlössl und Steintheater den natürlichen Gegebenheiten an. Und so hat man auch nach über 400 Jahren immer noch das Gefühl, lustwandelnd der Melancholie entrinnen zu können.

🐚 Rund um den Hellbrunnerberg erwarten Besucher weitere Höhepunkte: das Monatsschlössl mit dem Volkskundemuseum, das Steintheater sowie der Zoo Salzburg.

AUSFLUGSZIELE FÜR FAMILIEN

Große und kleine Abenteuer bei jedem Wetter

BURG HOHENWERFEN

AUF DER PIRSCH BEI BAMBI & CO

Hoheitlich schreiten die Hirschen mit ihren mächtigen Geweihen an den Besuchern vorbei: respekteinflößend und betont langsam. Mit scheuem Blick, aber nicht ohne Wirkung. In freier Wildbahn würde man den Tieren nie aus dieser geringen Distanz begegnen: Hier, im Rothirschgehege des Wildparks Ferleiten, trennt Besucher und Tiere nicht einmal ein Zaun. Wer die Hand ausstreckt, könnte die Flanke des Hirschs noch berühren. Doch irgendwie wagt man das nicht: War doch schon Bambis Vater der unumstrittene König des Waldes!

Der Wildpark Ferleiten am Fuße der Großglockner Hochalpenstraße wurde 1980 gegründet. Mittlerweile beherbergt er rund 250 Tiere von 40 bis 50 Rassen. Von Bisons und Wildschweinen über Königsfasane, Auerhähne und Uhus bis hin zu Braunbären, Wölfen, Murmeltieren, Luchsen und Gämsen. Aber auch Ponys, Meerschweinchen und ein Esel sind mit dabei. Keine Exoten also, sondern vorwiegend Tiere, die in den Wäldern und Bergen Europas einst zu Hause waren oder es immer noch sind.

Im Ausstellungspavillon ›Leben unter Wasser‹ geht's unter die Wasseroberfläche der Gebirgsseen und Bäche im Nationalpark Hohe Tauern. Hier können Besucher sogar aus freien Stücken die Fenster putzen: Kleine Scheibenwischer liegen bereit – einmal übers Glas ziehen und schon blickt man den Seesaiblingen und Bachforellen direkt in die Augen. Riesenvergrößerungen von Köcher- oder Eintagsfliegen, ein Puzzle, ein Rätselspiel und das Zeitrad ›Vom Ei zum Fisch‹ verdeutlichen, wie bevölkert das glasklare und kühle Nass in den Bergen ist.

Der Rundweg durch den Wildpark ist auch kinderwagentauglich und dauert eine gute Stunde. Nette Pluspunkte für Familien: Das große Picknick-Areal, der Aussichtsturm und ein 20.000 Quadratmeter großes Spielgelände, dessen Benutzung im Eintrittspreis inkludiert ist.

Unterwassererlebnis für Kinder: Mit Nationalpark-Rangern geht's mit Mikroskop und Kescher zur Erforschung an die Bach- und Seeufer des Wildparks.

ERLEBNISBURG HOHENWERFEN /// 5450 WERFEN ///
0 64 68 / 76 03 /// WWW.BURG-HOHENWERFEN.AT ///

Mitten im Salzachtal thront die Burg Hohenwerfen: Ein mächtiges Bauwerk, das mit seinen typischen Ecktürmchen, Schießscharten und Pechnasen genau jenen Vorstellungen entspricht, die Burgenfans von einer Verteidigungsanlage aus dem späten Mittelalter haben. Es gibt einen Fallturm mit vier Meter dicken Mauern, ein Verlies, eine Folterkammer, Wehrgänge und einen 14 Meter hohen Glockenturm.

Ach, Sie sind kein Burgenfan und finden Ritter, Rüstungen und Lanzen zum Gähnen langweilig? Dann lassen Sie sich vom Gegenteil überzeugen: Denn wenn Sie sich auch nur ein klein wenig für Salzburger Landesgeschichte interessieren, kommen Sie hier den Machenschaften der Erzbischöfe, den Bauernaufständen und Protestantenvertreibungen sehr nah. Das Salzachtal war aufgrund seiner Lage sehr bedeutsam: Der Pass Lueg der einzige Übergang in einem landschaftlichen Nadelöhr. Hier fanden Feldzüge und Schlachten statt. Und die 1022 erbaute Burg Hohenwerfen war das Bollwerk mittendrin: Sie war Gerichts- und Verwaltungszentrum und fungierte über 600 Jahre lang als Gefängnis.

Heute ist die Burg ein beliebtes Ausflugsziel für Klein und Groß: So manch ein Blick aus über 100 Metern durch eine der Schießscharten nach unten erzeugt ein Gefühl von Schwindel. Daneben ragen das Tennengebirge, das Hagengebirge und der Hochkönig in den Himmel. Einer der schönsten Plätze auf der Burg ist die Lindenwiese im zweiten Vorhof: Der Blick auf den hoch aufragenden Palas mit den romanischen Fensterbögen macht die Dimension dieses Bauwerks deutlich. Hier finden auch die Greifvogelvorführungen des Historischen Landesfalkenhofes statt: Geier, Milane, ein Uhu und natürlich Falken zeigen in beeindruckender Weise, wie eng das Vertrauensverhältnis zwischen Falkner und Vogel ist.

Übrigens: Der Kinder-Audioguide mit den Mäusen Jaki und Bärbel entstammt meiner Feder.

🦉 Für Kinder gibt es eine lustige Rätsel-Rallye, bei der sie die Burg auf eigene Faust erkunden und die Frage um den geheimnisvollen Schatten lösen können.

MIT 11 STUNDENKILOMETERN ZUM SALZSCHATZ

Salzwelten Hallein – Dürrnberg

39

Kennen Sie den Grubenhunt? Wissen Sie, dass Wettertüren nichts mit Regen oder Sonne zu tun haben, sondern Zugluft vermeiden sollen? Und hätten Sie erraten, dass die 29 Knöpfe an der Jacke der Bergknappen für das Alter stehen, in dem ihre Schutzpatronin, die Heilige Barbara, gestorben ist?

Nun, ein Besuch in den Salzwelten Hallein ist nicht nur ein Ausflug in das älteste Besucherbergwerk der Welt, es liefert auch Antworten auf viele spannende Fragen. Die Reise in die mystische Welt des prähistorischen Bergbaus der Kelten und der profitträchtigen Salzgewinnung im Erzbistum Salzburg beginnt auf einem Lieblingsplatz der besonderen Art: dem Grubenhunt! Rittlings und mit 11 Stundenkilometern geht es rumpelnd und mit Wind im Haar auf der kleinen Förderbahn hinein in den Stollen. Der Fels rückt nahe heran, es riecht nach Salz und altem Holz. Tief im Berg und bis zu 210 Meter unter Tage herrschen Sommer wie Winter konstante Temperaturen um 10 °C.

Über 2500 Jahre – von 600 v. Chr. bis 1989 – wurde am Dürrnberg Salz abgebaut. Vor allem Fürsterzbischof Wolf Dietrich von Raitenau (1559–1617) verstand es, diesen mächtigen Schatz wirtschaftlich zu nutzen. Das ›Weiße Gold‹ verlieh Salzburg seinen Namen und machte die Stadt reich. Nirgendwo kommt man den Ursprüngen und den Anfängen der Salzburger Landesgeschichte so nahe wie hier – tief im Inneren eines Berges, der das Salz hütet.

In dieser einen Stunde werden mit dem Grubenhunt, zwei Bergmannsrutschen, einem großen Floß und zu Fuß rund sechs der insgesamt 65 Kilometer Stollengänge zurückgelegt. Sogar die Staatsgrenze nach Deutschland passieren die Besucher. Und auf den Rutschen wird schnell klar, dass das Schutzgwandl nicht nur ein lustiger Gag ist: Bei Spitzengeschwindigkeiten von über 20 Stundenkilometern wird der Hosenboden ganz schön heiß! Auch bei kaltem Näschen.

✎ Am Dürrnberg befindet sich auch ein rekonstruiertes Keltendorf, ergänzt um Bauten aus dem Mittelalter: samt Grabkammer und prähistorischem Salzstollen.

LANGFELDHÜTTE AUF DER LOSEGGALM ///
TALORT: PARKPLATZ MAUERREITH /// 5524 ANNABERG ///
06 64 / 4 42 66 19 /// WWW.LOSEGGALM.AT ///

›KÄSE MIT AUSSICHT‹ AUF DER LOSEGGALM

Langfeldhütte – Annaberg

Vorfreude ist bekanntlich die schönste Freude. Und daher wird auch der einstündige Weg zur Langfeldhütte auf der Loseggalm von Wanderern und Mountainbikern in hoffnungsfroher Erwartung zurückgelegt. Der Ruf eilt dieser Tennengauer Käsealm voraus: Denn die Sennerin verarbeitet hier oben täglich 90 bis 100 Liter frische Bergkräutermilch von acht bis zehn Milchkühen zu feinstem Käse.

Da heißt es früh aufstehen: Um fünf Uhr morgens wird die Käserei eingeheizt – die Almgäste liegen noch in den Betten, dafür streunt die ein oder andere Gämse um die Hütte. Strom gibt es nur kurz zum Melken der Kühe. Danach erfolgt alles von Hand: Acht Stunden täglich dauert der Prozess des Käsens.

Was dabei herauskommt, das verzehren die Gäste der Langfeldhütte bei einem traumhaft schönen Ausblick aufs Lammertal und auf die markante Bischofsmütze. An die zehn verschiedene Käsesorten werden hergestellt, darunter der in Öl eingelegte Alpen-Mozzarella, Topfenfrischkäse mit Curry und Rosinen, Lavendel und Salbei oder mit Zitronenmelisse sowie der typische Süßkäse. Dazu gibt's hausgemachtes Sauerteig-Roggenbrot. Bei der Brettljause wird zu den Käsevariationen selbstgeräucherter Speck, Grammelschmalz und Wurst serviert. Schmalzbrot, Kaspressknödelsuppe und Bauernkrapfen mit Marmelade runden das Speisenangebot ab.

Bio-Bauer und Besitzer der Langfeldhütte Peter Johann Kendlbacher erinnert sich noch gut an seine Jugendzeit als Hirterbub auf der Alm: Die Sennerin verarbeitete die Milch der Kühe zu Butterschmalz, Topfen und Käse, damit man Lebensmittel für den ganzen Winter hatte. Wanderer gab es damals so gut wie keine: Das hat sich radikal geändert. Heute kommen sie wegen der schönen Aussicht und wegen des Käses. Und den kann man – sofern nicht alles an Ort und Stelle verzehrt wurde – auch auf der Alm kaufen und mitnehmen.

✍ Die Loseggalm ist Ausgangspunkt zahlreicher Wanderungen, etwa zur Sulzkaralm, zur Hofpürglhütte, zur Stuhlalm oder zur Umrundung des Gosaukamms.

KELTENMUSEUM HALLEIN /// PFLEGERPLATZ 5 /// 5400 HALLEIN ///
0 62 45 / 8 07 83 /// WWW.KELTENMUSEUM.AT ///

SCHNABELKANNE, STREITWAGEN UND FÜRSTENZIMMER

Keltenmuseum – Hallein

40

Könnten Sie sich vorstellen, einem lieben Menschen einen Sportwagen oder ein Gemälde auf seine letzte Reise mit ins Grab zu geben? Auf dass er in der Anderswelt seine Vorliebe für schnelle Autos oder Kunst weiterverfolgen kann? Schauen Sie nicht so skeptisch! Denn genau das haben die Kelten getan. So kostbar sind die Schätze, die in den mehr als 380 Gräbern am Dürrnberg gefunden wurden, dass der Vergleich keineswegs hinkt. Im Keltenmuseum Hallein – einem der größten Museen für keltische Geschichte in Europa – wird deutlich, wie reich das Salz die Kelten gemacht hat und welche Schätze sie besaßen. Sie pflegten internationale Handelsbeziehungen, die es ihnen erlaubten, Gold- und Bernsteinschmuck oder Keramiken zu erwerben.

Kostbarstes Ausstellungsstück ist, neben den mehr als 1.200 kunstvoll gearbeiteten Gewandnadeln (Fibeln), die über 2500 Jahre alte Schnabelkanne. Sie zählt zu den bedeutendsten Funden der Latènezeit und ist ein Meisterwerk frühkeltischer Kunst. Unter den Exponaten des 2004 wiedereröffneten Museums finden sich aber auch einige Kuriositäten: So etwa mehr als 2500 Jahre alte menschliche Exkremente, die in den Salzstollen des Dürrnbergs konserviert wurden, oder ein Hut aus Birkenrinde aus dem Jahr 464 v. Chr.

Auf seinen drei Stockwerken schafft das Museum den Sprung von den Kelten bis zu den Erzbischöfen scheinbar mühelos. Die Gemeinsamkeit: der Wirtschaftsfaktor Salz! Zwei Ausstellungsebenen des denkmalgeschützten Gebäudes, das 1654 als zentrales Verwaltungsgebäude der Saline errichtet wurde, sind der Urgeschichte des Landes Salzburg sowie dem prähistorischen und historischen Salzbau gewidmet. Im obersten Stockwerk blieben drei wunderschöne Fürstenzimmer erhalten – mit detailreichen Ölgemälden von Maler Benedict Werkstötter aus dem Jahr 1757.

Die Dauerausstellung im Keltenmuseum Hallein ergänzen thematische Sonderausstellungen mit regionalem Bezug zur Stadt und der Umgebung.

VON DEN ZWEI BRETTERN, DIE DIE WELT BEDEUTEN

Salzburger FIS-Landesskimuseum Werfenweng

41

Manche Stimmen behaupten ja, die Salzburgerinnen und Salzburger würden schon mit Skiern auf die Welt kommen. Ein Kompliment, das die Einheimischen mit einem Lächeln quittieren. Ja, man ist stolz auf die Skistars aus dem eigenen Land und auch darauf, dass während der letzten Jahrzehnte in den Gebirgsregionen weltberühmte Wintersportorte entstanden sind. Am liebsten würde man sich glatt selbst das Etikett ›Wiege des Skisports‹ verpassen, doch das klappt spätestens im Salzburger FIS-Landesskimuseum in Werfenweng nicht mehr.

Schon zu Beginn der Ausstellung wird klargestellt: ›Erst Ende des 19. Jahrhunderts werden die ersten Ski von Skandinavien nach Österreich eingeführt.‹ Der Skilauf entstand schon vor 5.000 Jahren in Skandinavien und im Norden des heutigen Russland. Damit sind die Fakten auf den Tisch, was aber nichts an der großen Liebe der Salzburger zu ›ihrem‹ Wintersport ändert.

Und diese Liebe spiegelt sich auch in dem Museum wider, das aus einer privaten Sammlung hervorging: Die Ausstellung führt auf drei Ebenen anschaulich und anhand zahlreicher Exponate durch die Historie des Wintersports. Angefangen von der Skibrille, wie sie Fridtjof Nansen bei seiner Grönland-Durchquerung 1888 trug, über die ersten Ski mit Stahlkanten bis hin zu Aksel Lund Svindals Atomic Race GS12.

Selbst passionierte Wintersportler werden noch eine Menge Neues lernen und Gelegenheit zum Schmunzeln haben. So etwa bei der ›Anleitung zum Selbstunterricht‹ von Skipionier Matthias Zdarsy aus dem Jahr 1908. Darin wird erklärt, wie ein perfekter Bogen ausgeführt wird: ›Der ganze Körper ist gestreckt, aber so weit nach vorne geneigt, dass wir fast fühlen, wir müssten auf das Gesicht fallen. Mangel an Schneid in diesem Moment erschwert die Übung ungemein.‹ Da scheint es fast verwunderlich, dass es doch so viele gute Skifahrer im Salzburger Land gibt …

✍ Der Ort Werfenweng auf 902 Metern Seehöhe zählt zu den Alpine Pearls: Sanfte Mobilität und nachhaltiger Urlaub werden hier großgeschrieben.

TOURISMUSVERBAND RAURIS /// BODENHAUS /// 5661 RAURIS ///
0 65 44 / 2 00 22 /// WWW.RAURISERTAL.AT ///

Schätzungen zufolge lagern noch über 100 Tonnen reinstes Gold in der Goldberggruppe des Nationalparks Hohe Tauern. Ein kostbarer Schatz, der erahnen lässt, welche Goldgräberstimmung zur Blütezeit im 15. und 16. Jahrhundert im Rauriser Tal herrschte. Heute erinnern Stollen, das verfallene Knappenhaus auf 2.340 Metern Seehöhe in der Goldberggruppe, der Tauerngold-Rundwanderweg und das Goldbergbau-Museum an die harten Arbeitsbedingungen der Knappen.

Und noch heute lockt das Edelmetall große und kleine Besucher ins ›goldene‹ Tal der Alpen: In Bodenhaus befindet sich der einzig verbliebene Original-Naturgoldwaschplatz des Tales. An zahlreichen Flüssen in den Alpen übten Bauern diese Beschäftigung im Nebenerwerb aus. Bis 1965 lebte in Rauris der letzte professionelle Goldwäscher: Von ihm hätte man viel lernen können, denn die richtige Technik ist mehr wert als jedes Anfängerglück.

Wer mit einer langen Stielschaufel, einem Paar Gummistiefel, der grünen Goldwaschschüssel und einem Glasröhrchen für die gefunden Schätze in den eisig kalten Gebirgsbach steigt, sollte schon vorher im Übungsteich gut aufgepasst haben. Denn das Gold ist eigenwillig und nicht alles, was glänzt, ist wertvoll: Nicht selten lassen nur Quarz und Katzengold den Sand golden schimmern. Das echte Gold versteckt sich gut in den Fluten – im Kehrwasser großer Steine, nach Kurven und an der Bachinnenseite. Nach Regenfällen oder Gewittern ist die Chance größer, Gold zu finden: Denn dann rinnt das Wasser durch das Gestein und nimmt die feinen Metallplättchen mit auf seine Reise.

Mit dem großen Reichtum braucht man beim Goldwaschen in Rauris nicht zu rechnen, dafür ist das Ganze ein Heidenspaß. Wer kalte Zehen bekommt, stärkt sich bei einer Jause in der Picknick-Zone unter den Bäumen. Und dann geht's zurück ins kalte Nass der Hüttwinklache.

✍ Nicht nur Gold, sondern auch Geier gibt es im Rauriser Tal, das Teil des Nationalparks Hohe Tauern ist: Auf Exkursionen geht's zu den Greifvögeln.

URIGE BIO-SCHMANKERL-ALM
MIT ›GAMSBLICK‹

Mayerlehenhütte – Hintersee

Jedes Jahr im März packt Lisi Matieschek das Almfieber und dann kann sie es kaum noch erwarten, Anfang Mai gemeinsam mit ihrem Ehemann Werner ihre Mayerlehenhütte zu beziehen. Mit 14 Jahren verbrachte sie ihren ersten Almsommer auf der Hütte im Talschluss des Lämmerbachs, eingekesselt von den Gipfeln der Osterhorngruppe: ohne Telefon und Licht auf 1.036 Metern Seehöhe.

Daran hat sich bis heute nicht viel geändert: Das Aggregat erzeugt nur so viel Strom, dass die neun Milchkühe gemolken werden können. Alles andere passiert händisch: Das tägliche Kneten des Hefeteigs für die Bauernkrapfen oder die Verarbeitung der Almmilch zu Frischkäse und Joghurt. Auch Übernachtungsgäste sollten viel Liebe zur Ursprünglichkeit mitbringen: Geschlafen wird auf Heu direkt über dem Kuhstall ohne Nachttischlämpchen oder Duschgelegenheit, dafür mit viel Flair und Almromantik.

Die Mayerlehenhütte ist die einzige Hütte auf der Gruberalm, die seit 100 Jahren durchgehend von Lisis Familie bewirtschaftet wird. Der Hof im Tal wird seit 1990 als Bio-Betrieb geführt. Die Bäuerin selbst sagt schmunzelnd: »Wir sind eine Alm für Kleinkinder und Senioren.« Der Weg dorthin ist kurz und wenig beschwerlich; doch auch Wanderer, die von längeren Touren kommen, kehren gerne ein: schon allein wegen der Almschmankerln, die je nach Saison variieren.

Lisi serviert nur Hausgemachtes wie Hollerkoch mit Topfennockerln, Bärlauchsuppe, Pofesen, Fleischkrapfen oder gegen Vorbestellung ein ›biofaires‹ Almfrühstück. Immer am Wochenende zieht sogar der Duft eines knusprigen Bio-Schweinebratens um die urige Hütte. Gespeist wird vor einer dramatisch schönen Kulisse mit Unterhaltungsprogramm: Denn der übermütige Gämsennachwuchs nutzt die bis in den Juni verbleibenden Schneefelder als Spielplatz. Also Fernglas nicht vergessen!

✍ ›Schule auf der Alm‹ heißt das Kinder-, Jugend- und Gruppenprogramm auf der Mayerlehenhütte: mit Kräuterwanderung, Milchverarbeitung, Almübernachtung und mehr.

UNTER WASSER IM BERGBACH
Ich bin so groß wie ein Kieselstein –

GRANDIOSE EINBLICKE
IN DEN NATIONALPARK HOHE TAUERN

Nationalparkwelten – Mittersill

43

Die Nationalparkwelten in Mittersill sind ein echter Pflichtpunkt für alle, die sich auch nur ein wenig für den Nationalpark Hohe Tauern interessieren. Nirgendwo sonst kommt man den Tieren und Pflanzen, der Entstehungsgeschichte des Tauernfensters, den Geschichten, Menschen und Edelsteinschätzen des größten Naturschutzgebietes des Alpenraums so nahe wie hier. Wohl nicht einmal in den Bergen selbst!

Das Museum ist preisgekrönt und schnell wird klar warum: Im Untergeschoss krabbeln Kinder durch einen riesengroßen Murmeltierbau, in der mystischen Sagenhöhle im Fels erklingt die Legende über die Venedigermandeln, im Lawinendom donnern virtuelle Massen von Wasser und Schnee auf die Besucher nieder und mit dem Adlerflugpanorama geht's über die 13 Nationalparktäler.

Bei allen acht Stationen – von der Bergwaldgalerie über die Wilden Wasser und den Almsommer bis hin zur Gletscherwelt – darf erkundet, angefasst, gerätselt und gelacht werden. Grandios werden die Edelsteinfunde präsentiert, die allesamt aus dem Nationalpark Hohe Tauern stammen: so etwa Smaragde, Rauchquarz oder Bergkristall. Wie es zu dieser Schatzkammer in den Hohen Tauern gekommen ist, davon handelt der Film im angrenzenden 3D-Kino, der die Entstehung des Tauernfensters erklärt. Einmal ansehen genügt nicht!

Ein ganz besonderer und erst im Sommer 2013 eröffneter Lieblingsplatz ist die 360-Grad-Panoramawelt in einem modernen Zylinderbau mit rund 16 Metern Durchmesser. Hier können Besucher ein einmaliges Natur- und Gipfelerlebnis anhand von aufwendig gedrehten Panoramafilmen von der Gipfelwelt der Hohen Tauern erleben. Diese bieten mit einzigartigen Zeitrafferaufnahmen mit wechselnden Wetter-, Licht- und Schattenverhältnissen sowie einer eindrucksvollen Tonkulisse völlig neue Perspektiven auf die Welt im Nationalpark Hohe Tauern.

✍ Sommer wie Winter gibt es ein vielfältiges Naturerlebnisprogramm mit den Nationalpark-Rangern: sowohl für Kinder als auch für Erwachsene geeignet.

VON DER MAUTSTATION ZUM UNTERHALTSAMEN MUSEUM

Burgerlebnis Mauterndorf

44

Warenzoll und Wegegeld braucht heute niemand mehr auf der Burg Mauterndorf zu entrichten: Die Straße über die Alpen führt schon lange nicht mehr durch die ehemalige Mautstelle, sondern nur an ihr vorbei.

Doch die trutzige Burg einfach links oder rechts liegenzulassen, wäre schade. Immerhin ist sie eine von drei erhaltenen Mautstellen entlang der ›Via Imperialis‹, dem römischen Handelsweg von Süden nach Norden. Hinter den dicken Mauern verbirgt sich ein Museum, das zwar aus kunsthistorischer Sicht nicht ganz so bedeutsam ist, dafür aber umso unterhaltsamer. Begrüßt wird man schon am Eingang von der Sonnenuhr und einem Fuhrwerk samt Pferd und Säumer. Überall in der Burg begegnet man diesen Figurinen, Menschen in authentischen Gewändern und Tieren.

Mit individueller Audioguide-Führung geht es über den Burghof in die Burg mit Kapelle, Sälen, Gewölben und Gemächern. Im Felsenkeller können kleine Ritter eine Rüstung anprobieren. In der Kleiderkammer dürfen sich Besucher mittelalterlich ›gewanden‹ und im Rittersaal wird eine festliche Tafel gedeckt. Die witzigste Figurine? Der Erzbischof Leonhard von Keutschach bei seinem Bade im Zuber. In seinem fürsterzbischöflichen Schlafgemach darf sogar die Decke gelüpft werden. Gerüchten zufolge schliefen tagsüber die Hunde im Bett des Erzbischofs: Damit hat man sichergestellt, dass dieser in seiner Nachtruhe nicht von Flöhen gepiesackt wurde.

Höhepunkt eines Burgbesuches – und das im wahrsten Sinne des Wortes – ist eine Führung durch den 44 Meter hohen und über 700 Jahre alten Wehrturm, der in seiner guten Beschaffenheit einzigartig in Europa ist. Auf sechs Etagen ist die originalgetreue Nutzung des Turmes mit Waffen- und Munitionslager, Wohngeschoss mit Kochstelle, Vorratskammer, Notquartier und Türmerstube nachgestellt. Eine kleine Kuriosität ist die mittelalterliche Katzenklappe.

✐ Jedes Jahr im Juli findet rund um die Burg das große ›Mittelalterfest zu Mauterndorf‹ mit Musik, Umzügen, Handwerkermarkt und Ritterlager statt.

AUF DEN SPUREN VON ...

Spannende Themen- und Lehrpfade

AUF DER AUALM IN FILZMOOS

TOURISMUSVERBAND MATTSEE /// **PASSAUER STRASSE 30** ///
5163 MATTSEE /// **06 64 / 9 21 10 49** /// **WWW.MATTSEE.CO.AT** ///

GASTHOF ALPENBLICK /// **WALLMANNSBERG 2** /// **5163 MATTSEE** ///
0 62 17 / 53 89 /// **WWW.ALPENBLICK.COM** ///

AUF DEM WILDGEMÜSEWEG ZUR WIEGELIEGE
Buchberg – Mattsee

45

Wer aus den Salzburger Gebirgsgauen kommt, hat ja so seine Zweifel, ob es in Mattsee – mitten im Seenland – wirklich einen Berg geben kann. Einen Aussichtsberg noch dazu! Die Höhenangabe von 801 Metern wirkt etwas mickrig im Vergleich zu den vielen Zwei- und Dreitausendern im Süden des Bundeslandes. Doch der Mattseer Hausberg hat einen großen Vorteil. Durch seine Alleinlage bietet er einen überraschend weiten Blick ins Land: auf den Ort Mattsee mit dem 60 Meter hohen Kirchturm, die Trumer Seen, die Stadt Salzburg samt Festung und auf mehr als 120 Gipfel vom Höllengebirge bis zu den Loferer Steinbergen.

Da der Buchberg landwirtschaftlich genutzt wird, kann er auf wenig befahrenen Straßen auch mit dem Rad oder Auto erkundet werden: Ab- und Aussteigen lohnt sich immer wieder. Etwa am idyllischen Naturschutzgebiet Egelseen, das seinen Ursprung im eiszeitlichen Salzachvorlandgletscher hat und ein Paradiesgärtlein für Alpen-Wollgras und Orchideen ist.

Wanderern vorbehalten sind die sechs Themenwege, die sternförmig über sanfte Wiesen und lichte Mischwälder in Richtung Gipfel führen und dort in den Rundwanderweg münden. Das Gipfelplateau gehört zu den ältesten Siedlungsplätzen im Flachgau: Bereits in der Späten Bronzezeit (1300 bis 800 v. Chr.) lebten hier Menschen. Zur Befestigung angelegte Wälle und Gräben sowie Grabhügel finden sich noch vielerorts am Buchberg.

Ein besonders schönes Plätzchen erwartet Wanderer an der Wallmischkapelle nur wenige Gehminuten oberhalb des Gasthofs Alpenblick. Hier am Endpunkt des Wildgemüseweges, des Sagenweges und des Vogelweges lädt eine verführerische Schaukel-Wiegeliege unter hohen Bäumen dazu ein, sich niederzulassen. Die Wahl fällt schwer: Den Blick in die Ferne schweifen lassen oder einfach die Augen schließen und dem Vogelgezwitscher lauschen? Mein Rat: alles in dieser Reihenfolge!

✍ Im Salzburger Seenland gibt es insgesamt 23 Relax-Wiegeliegen. Wo genau sich diese befinden, erfährt man unter: www.salzburger-seenland.at

Richtstätte und Hexenverbrennun

Richtstättenweg

Passeggen

ZeitReisenweg

ANFAHRT ZUM RICHTSTÄTTENWEG AM PASSEGGEN: DIE B95 (TURRACHER STRASSE) VON MAUTERNDORF IN RICHTUNG TAMSWEG ZWEIGT ETWA 7 KILOMETER NACH MAUTERNDORF LINKS DIE L248 NACH LINTSCHING AB. HIER BEFINDET SICH AUCH DER PARKPLATZ.

RICHTSTÄTTENWEG PASSEGGEN /// 5572 ST. ANDRÄ IM LUNGAU /// WWW.HEXENUNDZAUBERER.AT ///

FERIENREGION LUNGAU /// ROTKREUZGASSE 100 /// 5582 ST. MICHAEL /// 0 64 77 / 89 88 /// WWW.LUNGAU.AT ///

EIN DUNKLES KAPITEL
DER MENSCHHEITSGESCHICHTE
Richtstättenweg am Passeggen – St. Andrä

46

Zwischen 1650 und 1700 fanden im Erzstift Salzburg zahlreiche Hexen-prozesse statt, die zu den größten Europas zählten. Fast 200 Menschen kamen ums Leben: Einer dieser Schauplätze von Folter und Mord war der Lungau, die Heimat des Zauberers Jaggl, der bei der Obrigkeit als Erzfeind Nummer eins galt, jedoch niemals gefasst wurde. Wer sich in seinem Dunstkreis bewegte, von anderen einer Untat bezichtigt oder zum falschen Zeitpunkt am falschen Ort gesehen wurde, geriet in den Verdacht der Zauberei und Hexerei: Hinrichtungen fanden in Tamsweg statt, auf Schloss Moosham hatte das Pflegegericht seinen Sitz.

Am Passeggen bei St. Andrä aber befanden sich Richt- und Brand-stätte, wo unschuldige Männer, Frauen und Kinder oder deren Leichen vor den Augen eines großen Publikums verbrannt wurden.

All das sollte man wissen, wenn man einen Ausflug zum Richt-stättenweg plant, der 2011 errichtet wurde: Man spaziert durch eine wunderschöne Landschaft, dennoch wird hier ein dunkles Kapitel der Menschheitsgeschichte aufgeschlagen. Richt- und Brandstätte sind heute Orte des Gedenkens. Die historischen Plätze mitten in einem bewalde-ten Oval blieben – und das ist einzigartig in Europa – über die Jahrhun-derte hinweg unverändert.

Der drei Kilometer lange Weg beinhaltet Stationen, die für Kin-der und Erwachsene unterschiedlich aufbereitet sind: Diese können beispielsweise historische Fakten und Hintergründe wie etwa zur Ge-richtsordnung, zu den Schergen und Richtern oder über den ›bösen Blick‹ nachlesen. Kinder erhalten die Möglichkeit, sich spielerisch oder anhand von Hörspielen mit den Lebensumständen der frühen Neuzeit vertraut zu machen.

Der Themenweg stimmt nachdenklich, macht aber auch Mut und Hoffnung, dass, wer die Vergangenheit kennt, aufmerksamer für aktu-elle Geschehnisse wird.

✒ Auch das Volkskundemuseum des Schlosses Moosham widmet sich dem Thema Hexenverfolgung im Lungau. Führungen finden während der Sommermonate statt.

TOURISMUSVERBAND GROSSARLTAL /// 5611 GROSSARL NR. 1 ///
0 64 14 / 2 81 /// WWW.KAPELLEN-WANDERWEG.AT ///

TALMUSEUM HÜTTSCHLAG /// TALSCHLUSS /// 5612 HÜTTSCHLAG ///
0 64 17 / 4 45 /// WWW.TALMUSEUM.AT ///

Gewandert wird im Großarltal – dem Tal der Almen – zumeist von Hütte zu Hütte oder auf die Gipfel. Doch es gibt eine Alternative, die nicht minder himmlisch anmutet: der 17,5 Kilometer lange Kapellenwanderweg. Er führt auf dem Talboden von Großarl vorbei an Hüttschlag – einst hochmittelalterliche Bergwerkssiedlung für den Kupfer- und Schwefelabbau – bis in den Talschluss auf 1.045 Metern im Nationalpark Hohe Tauern.

Gesäumt ist der Weg von zehn Kapellen. Die Türen dieser kleinen Gotteshäuser stehen offen, eintreten ist nicht nur erlaubt, sondern ausdrücklich erwünscht: Wer mag, nimmt sich ein wenig Zeit zur inneren Einkehr, zum Rasten oder einfach nur, um den letzten Anklang von Weihrauch in der Luft zu erschnuppern. Wer sich die Begleitbroschüre im Tourismusverband in Großarl geholt hat, kann nachlesen, welchem Wunsch die jeweilige Kapelle gewidmet ist. Denn die Ideengeberin des Kapellenwanderwegs, die Hüttschlager Almrösl-Wirtin, hat die Zehn Gebote zu Wünschen umformuliert und sie jeweils einer Kapelle gewidmet.

Der Weg führt durch Wiesen, Wälder und vereinzelt auch entlang der Straße: Schon von Weitem ist als erste Station die 1860 erbaute Laireitingkapelle erkennbar. Neun weitere Kirchlein folgen bis hin zur Hubertuskapelle, die 1995 vom ehemaligen Knappenweiler Karteis in den Talschluss versetzt wurde.

Die Richtung ist durch die landschaftlichen Gegebenheiten vorbestimmt: Es geht taleinwärts. Und je weiter man in das Großarltal vordringt, umso beeindruckender wird die Kulisse: Wasserfälle stürzen von gigantisch hohen Wänden, die sich aus steilen Wiesen aufschwingen. Es scheint beinahe so, als stehle die Natur dem Glauben die Schau. Aber gerade darin liegt wohl das Geheimnis verborgen: All das ist Schöpfungswerk und man braucht kein religiöser Mensch zu sein, um die darin liegende Schönheit zu erkennen.

🗲 Ausschließlich schmiedeeiserne Kreuze gibt es auf dem Hüttschlager Friedhof: ein wunderbares Kleinod mit Blick auf weidende Schafe und die mächtige Wand.

Literaturhaus – Henndorf

10 Franz-Stelzhamer-Str.

LITERATURHAUS HENNDORF /// FRANZ-STELZHAMER-WEG 10 ///
5302 HENNDORF /// 0 62 14 / 83 03 /// WWW.HENNDORF-INFO.AT ///

EIN AUGENBLICK, GELEBT IM PARADIESE ...

Literarischer Spaziergang – Henndorf

48

Als sein ›Henndorfer Paradiesgärtlein‹ bezeichnete der Schriftsteller Carl Zuckmayer sein Haus Wiesmühl, in dem er ab 1926 gemeinsam mit seiner Frau Alice und Tochter Winnetou lebte. Hier konnte er – nackt bis auf einen großen Hut – durch den weitläufigen Garten streifen, bei offenem Fenster an seinem ›Hauptmann von Köpenick‹ arbeiten oder in der Stube am Kachelofen – ein Einstandsgeschenk von Stefan Zweig – seine Freunde aus der Nachbarschaft und der Welt empfangen. Acht Jahre lange währte dieser ›Augenblick, gelebt im Paradiese ...‹ bis zur Emigration im Jahr 1938. Seine Spuren hat Carl Zuckmayer – wie viele andere Künstler und Literaten des Henndorfer Kreises – bis heute in der Gemeinde hinterlassen.

Die Wiesmühl ist eine von acht Stationen auf dem Literarischen Spaziergang durch den Ort: Man kann sich alleine auf den Weg machen oder im Rahmen einer Führung durch den Henndorfer Literaturverein. Letzteres hat den Vorteil, dass man auch einen Blick in die Wiesmühl werfen darf, die sich in Privatbesitz befindet und nicht allgemein zugänglich ist.

Der Literarische Spaziergang führt vom Gemeindeamt zum Caspar-Moser-Bräu, wo Ödön von Horváth zu nächtigen pflegte. Weiter geht es zum Haus des Opernsängers Richard Mayr und zum Wohn- und Sterbehaus des Mundartdichters Franz Stelzhamer, der – ebenso wie Thomas Bernhards Mutter – auf dem Henndorfer Friedhof beerdigt liegt.

Den Abschluss der Tour bildet das aufwendig restaurierte, mehr als 300 Jahre alte Freumbichler-Haus, die Geburtsstätte von Thomas Bernhards Großvater. Das Literaturmuseum im ehemaligen Heuboden ist acht ausgewählten Dichtern und Künstlern gewidmet; im darunterliegenden Stockwerk des Literaturhauses sind eine Bibliothek sowie ein Tagebucharchiv untergebracht, in dem Lebenserinnerungen von Menschen aus Henndorf und Umgebung gesammelt werden.

✍ Urlaub machen, wo Ödön von Horváth sein Buch ›Jugend ohne Gott‹ schrieb: Im Jagdhaus der Wiesmühl lässt sich wunderschön nächtigen. www.wiesmuehl.at

KIRCHGASSHÜTTE /// NEUBERG 29 /// 5532 FILZMOOS ///
06 64 / 173 45 07 ///

ZWISCHENSTATION AM KRAPFENHATSCHER
Kirchgasshütte auf der Aualm – Filzmoos

Wer im Filzmooser Ortsteil Hinterwinkl die Bergschuhe schnürt, um auf die Kirchgasshütte zu wandern, kann das aus mehreren – sehr guten – Gründen tun: wegen des grandiosen Ausblicks bis hin zu den Kitzbüheler Alpen, wegen der guten Käsejausen, wegen der netten Sennerin oder wegen der berühmten Krapfen, die diese täglich in der Küche zaubert.

Justina Rettenwender ist die Tochter vom Kirchgassbauer in Filzmoos, gelernte Köchin und im Sommer die Wirtin auf der familieneigenen Alm, wo außer ihr noch 17 Kühe und Kälber die Sommerfrische auf 1.366 Metern Seehöhe verbringen. Augenfällig an der kleinen Hütte ist das ungewöhnliche Pultdach: Es zeugt davon, an welch exponierter Stelle die Kirchgasshütte steht. Dreimal wurde diese schon von Lawinen völlig zerstört; seit sie 1967 mit langgezogenem Dach neu erbaut wurde, hält sie allen Schneemassen wacker stand.

Die Kirchgasshütte ist die erste Einkehrmöglichkeit am Filzmooser Krapfenhatscher, einem Rundwanderweg, auf dem an mehreren Stationen die jeweiligen Krapfenspezialitäten aus der Pongauer Schmankerlküche verkostet werden können.

Auf der Kirchgasshütte bäckt Justina täglich die traditionellen Bauernkrapfen aus Germteig nach einem alten Rezept und in Erinnerung an ihre Oma Annemarie: Von Mitte Mai bis Ende September ist das händische Teiganrühren das erste, was sie nach ihrer morgendlichen Ankunft auf der Alm tut. Bis zu 100 Wanderer kommen an einem schönen Sommertag und bis zu 40 Krapfen werden dann verkauft. Serviert wird das noch warme Schmalzgebäck mit Staubzucker und selbst gemachter Erdbeer- oder Marillenmarmelade. Wer kein Fan von in Fett herausgebackenen Krapfen ist, wird sich hingegen über die Käsevielfalt freuen, die Justina gemeinsam mit ihrer Mutter herstellt. Das berühmte Bauernhofeis ihres Vaters allerdings gibt es nur unten im Tal.

🖙 Gut 90 Minuten dauert die Wanderung auf die Aualm: Der Krapfenhatscher führt weiter auf die Sulzkaralm, die Hofpürglhütte und zu den Hofalmen.

IN DIESER KLINIK LAG SEINERZEIT THOMAS BERNHARD. WER AUF SEINEN
SPUREN WANDELN WILL, GEHT ZUM SEELACKENMUSEUM ST. VEIT ///
LANGMOOS 41 /// 5621 ST. VEIT IM PONGAU /// 0 64 15 / 51 77 ///
WWW.SEELACKENMUSEUM-SBG.AT ///

VERBOTENER LIEBLINGSSPAZIERGANG EINES GROSSEN DICHTERS

Thomas-Bernhard-Wanderweg – St. Veit

49

Der Begriff ›Salzburger Sonnenterrasse‹ und die hier herrschende Idylle eines Kurortes scheinen im krassen Gegensatz zu Thomas Bernhards autobiografischem Roman ›Die Kälte – eine Isolation‹ zu stehen. Doch unter gänzlich anderen Vorzeichen kam der Schriftsteller 1949 als 18-Jähriger für zwei Jahre nach St. Veit – allein und lungenkrank. Seine Tage verbrachte er in der verhassten Lungenheilstätte Grafenhof stundenlang bewegungslos liegend in der offenen Liegehalle: Mit Blick auf das Heukareck, das dem Ort rund vier Monate Schatten im Jahr beschert.

Mehr aus Langeweile und gegen das Vergessen begann Bernhard zu schreiben und immer öfter begab er sich auf verbotene Spaziergänge: Sein liebster Weg – über die Geiersbichl-Rast zur Kirche über den Marktplatz und zurück in die Anstalt – ist dem Schriftsteller gewidmet und dauert rund 90 Minuten.

Startpunkt ist das Seelackenmuseum, das eine Dauerausstellung über den Schriftsteller beherbergt. Von hier führt der Weg durch das Krankenhausgelände, dessen alter Trakt mit geschnitzten Giebeln und hölzernen Dachschindeln schon zu Bernhards Zeiten so ausgesehen hat. Von der etwas erhöhten Geiersbichl-Rast bietet der Weg wunderbare Ausblicke über den Ort. Weiter geht es durch die Sonnleitensiedlung zur gotischen Kirche: Hierher kam Thomas Bernhard immer wieder, um bei Anna Janka Gesangsunterricht zu nehmen, die den jungen Mann auf der Orgel begleitete. Sie ist ebenso auf dem Friedhof bestattet wie der Maler Rudolf Holz, dem Thomas Bernhard in seinem Buch ›Frost‹ ein literarisches Denkmal gesetzt hat. Der Weg führt nun zurück zum Ausgangspunkt der Wanderung, wo die Ruheoase am Seelackenmuseum dazu einlädt, den Eindrücken ein wenig nachzuspüren. Thomas Bernhard selbst schloss Frieden mit dem Ort und kehrte als Urlaubsgast über 30 Jahre hinweg nach St. Veit zurück.

✍ In St. Veit und in Goldegg gibt es Festivals, die sich dem Leben und Werk Thomas Bernhards widmen: http://verstörungen.at und www.seelackenmuseum-sbg.at

BRINGT HUBERTUS SCHNEE UND EIS ...

Bauernregelweg – Altenmarkt

50

Die Wolken, die Farbe des Himmels oder die Vögel – man weiß nicht so genau, worauf die Bauern achten, wenn sie das Wetter vorhersagen. Sicher ist, dass sie mit ihren Beobachtungen ganz oft richtig liegen. Denn die Elemente und die Natur geben seit Tausenden von Jahren Aufschluss über nahende Wetterphänomene. Gut beobachtet und verpackt in kleine Sprüche blieben sie in Erinnerung und wurden so von Generation zu Generation weitergegeben.

Wer sich nur ein klein wenig für dieses überlieferte bäuerliche Wissen interessiert, sollte sich aufmachen, um den Bauernregelweg am Schwemmberg bei Altenmarkt zu erwandern: Der 4,9 Kilometer lange Rundweg führt über idyllische Almwiesen, durch beerenreiche Wälder und bietet schöne Ausblicke auf den Ennspongau.

Die Idee hinter diesem Lehrpfad ist richtig gut und die Umsetzung erfolgte mit viel Liebe zum Detail. Mehr als nur bauernschlau wird man bei Sprüchen wie diesen: ›Wenn Schäfchenwolken am Himmel steh'n, kann man ohne Schirm spazieren geh'n‹ oder ›Abendrot – Gutwetterbot, Morgenrot – Schlechtwetter droht‹. Alle zehn Wetterregeln entlang des Aufstiegs vom Ausgangspunkt an der Köpferkehre bis zur Reitlehenalm werden meteorologisch erklärt und damit wissenschaftlich untermauert.

Ähnlich verhält es sich mit den zwölf Bauernregeln, die sich auf sogenannte Lostage beziehen: Der Begriff ›losen‹ bedeutet horchen. Und ein Lostag fordert dazu auf, gut hinzuhören; wenn an ausgewählten Tagen im Jahr bestimmte Vorkommnisse auftreten, so lassen diese Rückschlüsse auf bevorstehende Ereignisse zu. So etwa die Regel zum Siebenschläfertag am 27. Juni, die besagt: ›Regnet es am Siebenschläfertag, der Regen sieben Wochen nicht weichen mag.‹

Wie immer das Wetter auch sein mag, es ist nie zu schlecht, um den Bauernregelweg zu erwandern: Und sogar im Winter ist die Tour für Schneeschuhwanderer ausgeschildert.

✍ Ein schönes Panorama, viele Tiere und eine biologische Jause erwarten Wanderer auf dem Habersattgut am Ende der Tour. Hier gilt die Regel: Unbedingt einkehren!

TOURISMUSVERBAND NATURPARKGEMEINDE ZEDERHAUS ///
5584 ZEDERHAUS NR. 25 /// 0 64 78 / 8 01 /// WWW.ZEDERHAUS.AT ///

DIE ENTDECKUNG EINES LANDSCHAFTLICHEN JUWELS

Almenwanderweg – Naturpark Riedingtal

51

Wer in den Naturpark Riedingtal möchte, hat zuerst einen lauten und wenig beschaulichen Wegbegleiter: Die Tauernautobahn – eine der wichtigsten Nord-Süd-Verbindungen durch die Alpen – führt durch das einst abgelegene Zederhaustal im Lungau. Umso bemerkenswerter erscheint einem dann die plötzliche Ruhe und Abgeschiedenheit dieses Lieblingsplatzes. Zu hören sind nur noch Vogelstimmen, das Plätschern der Wasserfälle und Bäche und das Läuten der Kuhglocken. Das idyllische Tal lädt dazu ein, mit allen Sinnen in die Natur einzutauchen – im Wissen, dass die echte Welt nicht weit entfernt ist. Fast so, als würde man das Tor in eine andere Dimension öffnen.

Der Almenwanderweg im Naturpark Riedingtal beginnt am modernen Naturparkhaus direkt am Schlierersee auf 1.495 Metern Seehöhe. Von hier aus führt der sechs Kilometer lange Themenweg zu acht Almen. Diese sind Themenstationen entlang des Weges, aber auch ideale Einkehrmöglichkeit. Die Almleute kredenzen allesamt Lungauer Köstlichkeiten, hausgemacht und nach alten Rezepten zubereitet. In rund 45 Minuten ist beispielsweise die Untere Eßlalm mit den Resten eines Hochofens und einer Schlackenhalde erreicht. Die Station ›Der Bergbau – Zeugen einer vergangenen Zeit‹ erinnert an die Ära des Kupferabbaus im hintersten Riedingtal bis in die Jahre um 1850.

Nach rund 90 Minuten ist man an der Zauneralm, in der sich Hüttenwirtin Heidi ganz dem Thema ›Kräuter und Milch‹ widmet. Sie stellt feinste Cremen und Mittelchen her, wie etwa die Riedingergold Heilcreme oder die Wurzeltropfen, ein altes Bergbauernhausmittel. Endpunkt der Wanderung ist die Örgenhiasalm (1.712 Meter), wo täglich frische Almbutter und Buttermilch hergestellt werden. Wer nicht den ganzen Weg oder nur eine Strecke zu Fuß zurücklegen möchte, der kann auf den Service des Tälerbusses zurückgreifen.

✍ Im Naturpark findet alljährlich das Almsommerfest zu Sommerbeginn und das traditionelle Almherbstfest statt: www.naturpark-riedingtal.at

IM UND RUND UMS WASSER

Das nasse Element in seiner schönsten Form

SCHLOSS FUSCHL IN HOF BEI SALZBURG

DER GOLLINGER WASSERFALL KANN AB MAI BIS IN DEN HERBST
BESUCHT WERDEN.

TOURISMUSVERBAND GOLLING /// MARKT 51 /// 5440 GOLLING ///
0 62 44 / 43 56 /// WWW.GOLLING.INFO ///

ROMANTISCHES MOTIV OHNE ABLAUFDATUM
Gollinger Wasserfall

52

Der Philosophie Jean-Jacques Rousseaus und seiner romantischen Verklärung der Alpen ist es zu verdanken, dass der Gollinger Wasserfall bereits um 1800 zum Liebling von Malern, Aristokraten und naturverliebten Sommerfrischlern wurde. Nach den ersten Zeichnungen und Publikationen entwickelte sich um das eindrucksvolle, 76 Meter hohe Naturschauspiel ein regelrechter Wasserfalltourismus. Im Jahre 1805 ließ Ernst Fürst von Schwarzenberg einen Weg errichten, der später von Erzherzögen und Großfürsten begangen wurde: Sogar Kaiser Ferdinand samt Gemahlin und Gefolge stattete der Sehenswürdigkeit 1837 einen Besuch ab und beanspruchte für diesen Ausflug elf Wägen und acht Sesselträger – so vermerkt es die Ortschronik.

Was aber machte die Faszination dieses Wasserfalls aus? Und hält diese tatsächlich bis heute an? Ja, das tut sie! Es mag an der Abgelegenheit des Platzes am Fuße des Göllmassivs liegen, dass der Ort eine besondere Ausstrahlung hat. Es ist die intensive Farbe des Wassers, seiner Gischt und des sprühenden Schleiers, der bei entsprechendem Lichteinfall Regenbögen in die Farne und auf die bemoosten Steine zaubert.

Je näher man dem Ursprung kommt, umso interessanter wird die Wanderung: Über die Regenbogenbrücke quert man den wilden Schwarzenbach, der unter einer natürlichen steinernen Brücke – einem Bogen gleich – in die Tiefe fällt. Weiter hoch geht es zum Hexenkesselsteg. Doch der vielleicht schönste Platz befindet sich direkt an der Höhle, aus der das Wasser unaufhörlich aus dem Berg sprudelt: Eine geheimnisvolle Karstquelle auf 479 Metern Höhe, von Efeu verhangen. Das Wasser – dunkel, glasklar und scheinbar ruhig vor seinem rauschenden Weg in die Tiefe.

Eine Wanderung vom Fuße des Wasserfalls bis zu seiner Quelle und zurück dauert gut eine Stunde. Für Wasserscheue empfiehlt sich Regenbekleidung, Hut oder Schirm.

✑ Die beeindruckende, 80 Meter tiefe Erlebnisschlucht Salzachöfen ist ein weiteres Wasserspektakel in Golling: zu erkunden zu Fuß oder per Flying Fox.

ZILLENSCHIFFFAHRT MIT DER ›FUSCHLERIN‹ ///
SEESTRASSE 30 /// 5330 FUSCHL AM SEE ///
0 62 26 / 82 64 /// WWW.EBNERS-WALDHOF.AT ///

›SCHIFF AHOI‹ AUF DER FUSCHLERIN
Zille – Fuschlsee

53

Wer an das Salzkammergut denkt und spontan einen See nennen soll, wird wohl zuallererst laut Wolfgangsee rufen. Und tatsächlich behauptet sich dieser schon allein wegen seiner Größe, seiner Vergangenheit und seiner Berühmtheit unumstritten auf Platz eins. Der Fuschlsee ist stiller und unaufgeregter: Und gerade das schätzen Urlaubsgäste und Einheimische. An dem See gibt es weder mondäne Ortschaften noch schicke Motorboote.

Dafür aber – der Kleinheit und Schlichtheit des Sees entsprechend – zwei Zillen, die ganz bezaubernd zur hier herrschenden Beschaulichkeit passen: 1996 wurde die ›Fuschlerin I‹ von ihrem Besitzer Herbert Ebner zu Wasser gelassen. 16 Jahre später folgte mit der ›Fuschlerin II‹ ein zweites Boot, das durch seinen fixen Aufbau auch schlechtwettertauglich ist. Zillen sind flachbodige, eher kleine Schiffe, die noch heute vor allem im Donauraum Verwendung finden. Und genau dort wurden auch die Fuschlerinnen gebaut: mit einer Nutzlast von bis zu 20 Personen und mit lautlosem Batterieantrieb, damit die Ruhe am See nicht gestört wird. Herbert Ebner betont aber, dass es sich um eine Bedarfs- und nicht um eine Linienschifffahrt handelt. Ist das Wetter zu trübselig, bleibt der Landungssteg an der Seepromenade eben geschlossen.

Die Zillen verkehren während der Sommermonate zwei- bis viermal täglich zwischen Fuschl am See und dem Schloss. Der Bootsführer lässt während der romantischen Fahrt die Besonderheiten des 67 Meter tiefen Sees nicht unerwähnt: etwa die hervorragende Wasserqualität oder den vielfältigen Fischbestand. Am gegenüberliegenden Ufer wird direkt an der Schlossräucherei angelegt. Die täglich frisch geräucherten Forellen, Saiblinge und Reinanken können an Ort und Stelle verzehrt werden: mit Blick auf das Schloss und einen See, der sich über die Jahrzehnte hinweg seinen Charme erhalten hat.

⚓ Rund 40 Minuten dauert die lautlose Fahrt von Fuschl zum Schloss: Besitzer der Salzkammergut-Erlebnis-Card fahren zum ermäßigten Preis.

NACH DER WASCHLMÜHLE IST DIE HOFBAUERMÜHLE DAS ZWEITE
HISTORISCHE GEBÄUDE AUF DEM FAMILIENFREUNDLICHEN WANDERWEG.

TOURISMUSVERBAND EBENAU /// 5323 EBENAU 2 ///
0 62 21 / 80 55 /// WWW.EBENAU.AT ///

ES KLAPPERT DIE MÜHLE
AM RAUSCHENDEN BACH

Naturdenkmal Plötz – Ebenau

54

Fünf Mühlen, ein rauschender Bach und eine himmlische Ruhe – mit diesen wenigen Worten könnte man das Naturdenkmal Plötz am mittleren Rettenbach in der Flachgauer Gemeinde Ebenau beschreiben. Aber natürlich will ich weiter ausholen angesichts dieser ganz besonderen Atmosphäre, die in der idyllischen Waldschlucht herrscht. Der Rettenbach gurgelt und rauscht, die Sonne zaubert Lichtreflexe in die Gumpen und die Mühlen mit den Wasserrädern erinnern daran, dass vom 14. bis ins 20. Jahrhundert die Bauern der umliegenden Höfe hier unter größten Anstrengungen ihr Brotgetreide gemahlen haben. Mithilfe eines Ochsengespannes wurde das Getreide zu den Mühlen befördert.

Entlang des Baches, der vom Koppler Moor durch die Plötz fließt, tut sich nicht nur ein Lieblingsplatz auf, es sind gleich mehrere: Der Kiesstrand am Fuße des Wasserfalls ist einer davon. Ein Ort mit der Ausstrahlung eines heidnischen Kultplatzes – wild, geheimnisvoll, mystisch. Wer die Schlucht entgegen dem Wasserlauf von unten nach oben durchwandert, hat an dieser Stelle bereits die Hofbauermühle, die Pertiller-Mühle und die Eder-Mühle mit dem gemauerten Naturbadbecken passiert.

Vom Fuße des Wasserfalls führt der Weg nun weiter relativ steil bergauf zur 1540 erbauten Schroffenauer-Mühle. Von hier aus eröffnet sich ein gigantischer Ausblick auf den darunterliegenden Wasserlauf mit den Holzrinnen für die oberschlächtigen Wasserräder der Mühlen sowie auf die Gipfel der gegenüberliegenden Osterhorngruppe. Allzu verträumt sollte man den Blick jedoch nicht schweifen lassen, denn der Fels fällt senkrecht in die Tiefe ab.

Von hier an folgt man dem Bach weiterhin ansteigend in Richtung Hinterschroffenau, um zum letzten Lieblingsplatz zu gelangen: der großen, wunderschön einsam gelegenen Wiese mit Blick auf den Ederbauer und den Gaisberg in der Ferne.

✗ Im Naturdenkmal Plötz darf gebadet werden: Das Becken an der Eder-Mühle oder der Platz unterhalb des Wasserfalls eignen sich am besten dazu.

Wassertiefe 1.20m
ca. 32°C

FELSENTHERME BAD GASTEIN /// BAHNHOFPLATZ 5 ///
5640 BAD GASTEIN /// 0 64 34 / 2 22 30 /// WWW.FELSENTHERME.COM ///

WASSERSPASS IM 1968ER-RETRO-LOOK

Felsentherme – Bad Gastein

55

Die Felsentherme im Gasteinertal wird zwar gerne als älteste Therme Österreichs bezeichnet, dennoch dürfen Sie keinen Bau im Stile der Belle Époque erwarten. Auch wenn das architektonische Erscheinungsbild Bad Gasteins zu dieser Annahme verleiten könnte. Die Felsentherme wurde Ende der 1960er-Jahre erbaut und 2004 im großen Stile modernisiert. Doch nur zu weiten Teilen, nicht gänzlich. Und so blieb die Ruhetherme – das erste große Becken gleich nach den quietschgelben Umkleidekabinen – genau so erhalten, wie sie 1968 erbaut wurde: mit viel Sichtbeton, hellblauen Mosaiksteinen und psychedelisch anmutenden Farben, erzeugt durch die indirekte Beleuchtung.

Auf den ersten Blick könnte sich diese Architektur auch in einer U-Bahn-Station einer deutschen Großstadt wiederfinden – sehr retro und herrlich altmodisch! Natürlich erfüllen die großzügige Saunalandschaft und die neue Erlebnistherme mit Wasserfall und Strömungskanal alle Ansprüche wellnessbedürftiger Badegäste, doch irgendwie zieht es einen doch immer wieder zurück in dieses unspektakuläre Becken, das Erinnerungen an alte Zeiten hervorruft, als es noch eine Badehaubentragepflicht gab.

Überall in der Felsentherme ist der Naturfelsen sichtbar, der der Einrichtung ihren Namen verlieh. Schier unglaublich erscheint die Menge des frischen Thermalwassers, das permanent durch die Therme sprudelt: Eine Million Liter Wasser sind es täglich. Aus 18 Quellen schießt das stark radonhaltige Heilwasser mit 46 Grad Celsius aus dem Berg. Für die Nutzung in der Felsentherme wird es entradonisiert, abgekühlt und gereinigt. Dennoch zeigt das mineralhaltige Wasser der Felsentherme positive Wirkung auf Körper, Geist und Seele. Das stark wirksame Radonwasser bleibt jedoch den Therapie- und Kuranwendungen vorbehalten, wie sie etwa im Kurhaus Bad Gastein oder im Badehospiz angeboten werden.

✍ Eine weltweite Besonderheit ist der Gasteiner Heilstollen mit seinem hochwirksamen Heilklima tief im Inneren des Berges: www.gasteiner-heilstollen.com

INFORMATIONEN ZU GEFÜHRTEN WANDERUNGEN ERHALTEN
INTERESSIERTE BEIM TOURISMUSVERBAND TAMSWEG ///
KIRCHENGASSE 8 /// 5580 TAMSWEG /// 0 64 74 / 21 45 ///
WWW.TAMSWEG.INFO ///

GUT VERSTECKTES KLEINOD
Dürrenecksee – Tamsweg

56

Der Lungau ist ein Wanderparadies par excellence: An die 60 Bergseen liegen hier versteckt zwischen Mooren, Wäldern und Almen. Einer schöner als der andere und leicht zu erwandern. Doch es gibt auch noch die ganz geheimen Plätze, zu denen kein markierter Wanderweg führt – der Dürrenecksee ist einer davon.

Wer sich auf den Weg macht, um ihn zu suchen, sollte eine detaillierte Karte bei sich haben. Oder noch besser: Er schließt sich einer geführten Wanderung an, wie sie die Tourismusverbände der Lungauer Orte anbieten. Dann geht es gemeinsam mit einem Bergwanderführer durch die unberührte Natur des Lungaus. Und die zieht wirklich alle Register. Die Region ist bekannt für ihren Pilz- und Beerenreichtum, für ihre geschützten Orchideenfelder, für Gämsen und Adler. Erst jüngst wurde der Lungau zum UNESCO-Biosphärenpark ernannt und teilt sich diese Auszeichnung mit den weltberühmten Galápagos-Inseln oder dem Yellowstone-Park.

Zum Dürrenecksee führen mehrere Wege, keiner davon ist beschildert. Wer vom Prebersee aus startet, wandert vom Uferweg in Richtung Ludlhütte, zweigt rechts zur Wengerhütte ab und überquert den Wengerkopf. Der gut versteckte Hochmoorsee verfügt über eine ganz eigentümliche Besonderheit, die es besonders Mutigen ermöglicht, scheinbar über Wasser zu gehen. Die Natur hat im Laufe der Jahre an den Uferzonen einen schwimmenden Teppich aus Moosen, Flechten und ausläuferbildenden Pflanzen geknüpft. Doch Achtung! Den Weg über diese wippenden Polster kennen nur die Berg- und Wanderführer. Allein sollte man erst gar nicht auf die Idee kommen, sich über dieses Abenteuer zu wagen: im Sinne des Naturschutzes und der eigenen Sicherheit.

Einen Abstecher wert ist die nicht bewirtschaftete, romantisch gelegene Ludlhütte, die in einem Meer aus schaukelndem Wollgras zu stehen scheint.

✎ In der kostenlosen Broschüre ›Lungauer Almsommer – Hütten- und Bergseewandern‹ werden Wanderungen und Sagen zu 21 Bergseen vorgestellt.

FILIGRANER WASSERFALL
MIT MOOSDECKCHEN

Triefen – Hinterthal

57

Die Triefen in Hinterthal bei Maria Alm sind ein echter Geheimtipp. Als ich Freunde und Bekannte danach fragte, schüttelten sie alle die Köpfe: Nein, von den Triefen hatten sie noch nie gehört. Die Einheimischen selbst aber kennen diesen Ort und sind fest davon überzeugt, dass es sich bei den Triefen nicht nur um ein Naturspektakel handelt, sondern auch um einen Platz, der sich ganz hervorragend dazu eignet, neue Energien zu tanken.

Die zauberhafte Wanderung dorthin dauert rund 45 Minuten und beginnt an der Kirche in Hinterthal bei Maria Alm. Der kinderwagentaugliche und beschilderte Weg Nr. 415 führt entlang der Urslau, dem rauschenden Bach, der zwischen dem Hochkönigmassiv und dem Steinernen Meer entspringt.

Das eigentliche Naturspektakel ist leicht zu übersehen: Auf unserem Weg dorthin kamen uns sechs Wanderer entgegen – allesamt auf der vergeblichen Suche nach dieser sehenswerten Besonderheit. Die Beschilderung ist recht spartanisch. Es gilt, die Augen offenzuhalten! Dann entdeckt man vor dem Almgatter rechter Hand die Tafel ›Naturdenkmal‹, eine kleine Sitzgelegenheit und auf der gegenüberliegenden Bachseite diesen feinen, filigranen Wasserfall, der sich auf einer Länge von 100 Metern in die rauschende Urslau ergießt: Die feinen Bächlein ähneln zarten Perlenschnüren.

Dieses ungewöhnliche Naturschauspiel – das es nur einmal in dieser Form im ganzen Bundesland gibt – entsteht durch eine geologische Besonderheit. Durch die harte Gesteinsschicht tritt das Wasser durch einen waagrecht verlaufenden Quellhorizont zwei bis drei Meter oberhalb des Flusses aus. Wegen der ständigen Bewässerung haben sich in diesem Bereich zahlreiche Farne und Moose angesiedelt. Die üppige, in zig Grüntönen schillernde Vegetation wird bei Sonnenschein gekrönt durch grandiose Lichtspiele samt einem Heer von Regenbögen.

✍ Wer die Wanderung ausdehnen möchte, gelangt über den Weg Nr. 32 zur nicht bewirtschafteten Enzenalm oder folgt dem Bachlauf in Richtung Hohe Tauernscharte.

PERFEKTE SPIEGELUNGEN
FÜR SCHARFE GESCHOSSE

Prebersee – Tamsweg

58

Die Mücken scheinen auf der dunklen Tanzfläche des Prebersees eine Polka zu proben: Aus der Ferne sehen sie aus wie winzig kleine Goldpünktchen, die im Gegenlicht mystisch anmuten. Sie rufen einem die Sage in Erinnerung, derzufolge auf dem Grund des Sees ein Haufen Gold lagern soll.

Geheimnisvoll ist der Prebersee allemal: Auf 1.514 Metern Seehöhe liegt der alpine Moorsee nordöstlich von Tamsweg, eingebettet zwischen dem Prebergipfel und Wäldern. Die Spieglungen sind perfekt, ebenso wie die Wasserqualität des Sees, in dem im Sommer auch gebadet werden darf. »Sofern man die Liegewiese mit den Kühen teilen möchte und kein Problem damit hat, dass das Wasser nicht wärmer als 20 Grad ist«, schmunzeln die Einheimischen. Zum Aufwärmen nach dem Bad empfehlen sie im Anschluss an das erfrischende Vergnügen frische Bauernkrapfen auf der Ludlalm.

Wem der See zu dunkel oder zu unheimlich ist, der kann ihn auf dem Moorlehrpfad entlang des Ufers zu Fuß umrunden: Gut eine Stunde dauert die 1,5 Kilometer lange Wanderung durch das Naturschutzgebiet. Auf Schautafeln werden die Entstehung von Nieder- und Hochmooren, das Leben auf der Alm und die Tierwelt des Prebersees erklärt.

Auf dem Rundweg kommt man auch bei den Schießständen vorbei, die Schauplatz des Preberschießens sind. Hier findet jedes Jahr am letzten Sonntag im August dieses traditionsreiche Spektakel statt, bei dem geübte Schützen nicht auf die 120 Meter entfernte Schießscheibe, sondern auf deren Spiegelbild auf der Wasseroberfläche zielen. Das Geschoss prallt im besten Falle so sehr von der Wasseroberfläche ab, dass es nicht versinkt, sondern tatsächlich die Zielscheibe am Ufer trifft. Sogar Walt Disney soll so fasziniert von den Eigenheiten des Prebersees gewesen sein, dass er 1957 höchstpersönlich hierherkam, um das Wasserscheibenschießen zu filmen.

✍ Einen grandiosen Blick auf den Prebersee bietet der 2.740 Meter hohe Prebergipfel. Hier findet im späten Frühjahr das Preberlauf-Skitouren-Uphill statt.

Hier
nicht springen!

Nur für Schwimme

NOSTALGISCHES SCHWIMMVERGNÜGEN MIT SCHLOSSBLICK

Moorbadeanstalt – Goldegger See

59

Schon der Name lässt erahnen, dass es sich bei der Moorbadeanstalt nicht um eine neumodische Erfindung handelt: Heute würde eine ähnlich geartete Einrichtung vielleicht Freizeit- oder Strandband genannt. Doch als die Badeanstalt im Jahre 1912 am moorigen Goldegger See erbaut wurde, setzte man auf Schlichtheit. Immerhin war es nicht ausschließlich das Vergnügen, dem man mit der Anstalt Rechnung tragen wollte. Es ging vielmehr um die Gesundheit des eigenen Körpers.

Denn nicht weit von Goldegg entfernt, befand sich mit Bad Gastein ein Kurort von Weltruhm: Nach Goldegg kam die hohe Herrschaft samt Entourage nach ihrem Aufenthalt im Gasteinertal zum ›Nachkuren‹.

In der Familie Gesinger, Besitzer des Hotel Post und der Moorbadeanstalt, erinnert man sich gut an die Erzählungen des Urgroßvaters Josef, der die reichen Scheichs aus dem Nahen Osten noch selbst miterlebte. Ihnen zum Vergnügen wurde die Badeanstalt samt Badehaus errichtet.

Heute muss man kein Scheich, Kurgast oder Kaiser mehr sein, um die Moorbadeanstalt zu benutzen. Königlich fühlt es sich aber an, nach einem ausgedehnten Sonnenbad auf den Holzpritschen in das dunkle, samtige Moorwasser des Goldegger Sees zu steigen. Kein Chlor brennt in den Augen, nur ein Hecht könnte die eigene Schwimmbahn kreuzen.

Das Moorwasser tut nach wie vor seine heilsame Wirkung: zu beobachten an einem 90-jährigen Stammgast, der zu Saisonbeginn noch mit Schmerzen zum täglichen Schwimmen kommt, zu Saisonende aber vielfach behänder seine Runden dreht. Moor besteht zum größten Teil aus organischen Substanzen und gilt als einzigartiger Naturcocktail: Es soll die Abwehrkräfte steigern, den Stoffwechsel aktivieren und die Haut schöner machen. Natürlich alles in Minidosis! Doch auch für den Fall, dass das Badevernügen nicht schöner macht, glücklicher macht es mit Sicherheit.

 ✍ Die nostalgischen Kabinen in dem halbrunden Gebäude aus Holz können den ganzen Sommer über gemietet werden: besonders praktisch für Stammgäste!

WINTER-BESONDERHEITEN

Schönes im Schnee

KAPELLE AN DER STEINBOCKALM IN MARIA ALM

WOLFGANGSEE TOURISMUS, BÜRO STROBL /// MOOSGASSE 275 ///
5350 STROBL /// 0 61 37 / 78 55 ///
WOLFGANGSEE.SALZKAMMERGUT.AT ///

WOLFGANGSEER ADVENT /// AU 140 /// 5360 ST. WOLFGANG ///
0 61 38 / 80 03 /// WWW.WOLFGANGSEER-ADVENT.AT ///

IN KAISERLICH-KÖNIGLICHER WEIHNACHTSSTIMMUNG

Adventmarkt – Krippendorf Strobl

60

Zauberhaft mutet die Stimmung am Adventmarkt von Strobl an. Das schwimmende, 250 Quadratmeter große Glühweinhütten-Floß wackelt weit weniger als gedacht und seekrank wird hier ganz bestimmt niemand. Während man sich die kalten Hände an der Punschtasse wärmt, schweift der Blick über den See, der schon den Kaiser, Künstler und Politiker in seinen Bann zog.

Der Wolfgangsee, lange Zeit auch Abersee genannt, büßt auch im Winter nichts von seinem Zauber ein: Dick in ihre Daunen verpackt, gründeln die Schwäne im nahen Uferbereich, scheinbar unbeeindruckt vom vorweihnachtlichen Treiben an der Seepromenade. Nostalgisch mutet die verwaiste Badeanstalt an und erinnert an die letzten warmen Sommertage. Nebel steigen hoch und auf der gegenüberliegenden Uferseite reckt sich markant der Schafberg gen Winterhimmel.

Den schönsten Blick auf das Krippendorf Strobl aber haben Passagiere der Wolfgangsee-Schifffahrt. Zur Winterszeit kommen Besucher per Schiff von St. Wolfgang oder St. Gilgen: Vom Anlegesteg Strobl geht es vorbei an den traditionellen Adventsständen mit Holzschindeln, an der Schaukrippe mit Schafen und Esel, an Zwergziegen und am Wildtiergehege mit Rehen und Hirschen in Richtung Marktplatz. Die Schmankerln werden hier zwischen Kirche und Gemeindeamt im Stehen und auf zu Tischen umfunktionierten Baumstümpfen verzehrt: Blutwurst oder Bratwürstel mit köstlichem Sauerkraut. Dazu ein paar Kostproben von der Salami, gefolgt von heißen Maroni oder in Schokolade getunkten Früchten.

Nach einem Besuch der Krippenausstellung ist es Zeit, wieder an Bord zu gehen. Weiter führt die adventliche Schiffsreise ins barocke St. Gilgen mit der elf Meter großen Kerze am Seeufer und dem Kunsteislaufplatz. Oder ins oberösterreichische St. Wolfgang, wo eine riesige schwimmende Laterne die Besucher schon von Weitem begrüßt.

⚓ Während des Wolfgangseer Advents besteht die Möglichkeit, mit der Seilbahn auf das Zwölferhorn zu fahren. Mit grandiosem Blick über den See!

Frohe Weihnachten und
ein glückliches Neues Jahr
wünscht Ihr

POSTAMT
STILLE NACHT,
HEILIGE NACHT

Österreich | Austria | 5110 Oberndorf bei Salzburg

TOURISMUSVERBAND OBERNDORF /// STILLE-NACHT-PLATZ 2 ///
5110 OBERNDORF /// 0 62 72 / 44 22 ///
WWW.STILLENACHT-OBERNDORF.AT ///

ALLES SCHLÄFT, EINSAM WACHT ...

Stille-Nacht-Kapelle – Oberndorf

61

Es muss ein bitterkalter Advent gewesen sein, damals im Jahr 1818. Das einzige, was den Menschen nach den Napoleonischen Kriegen und dem Erliegen des Salzhandels noch geblieben war, war ihr Glaube. Der Legende nach litt sogar die Kirchenmaus von Oberndorf an Hunger, sodass ihr nichts Besseres einfiel, als den Blasebalg der Orgel anzuknabbern. Also griff der Dorflehrer und Organist Franz Xaver Gruber zur Gitarre, um eine Melodie zu komponieren: Den Liedtext ›Stille Nacht, heilige Nacht‹ hatte Hilfspfarrer Joseph Mohr bereits 1816 in Mariapfarr im Lungau verfasst.

Uraufgeführt wurde das Weihnachtslied von den beiden am 24. Dezember 1818 in der Kirche St. Nicolai in Oberndorf. Vor hier aus ging das Lied um die Welt; mittlerweile wird es in rund 330 Sprachen gesungen – immer wieder auch in der Stille-Nacht-Gedächtnis-Kapelle im ›Stille Nacht Bezirk‹ in Oberndorf.

Unweit des Salzachdamms, von dem sich ein gigantischer Blick auf den bayerischen Nachbarort Laufen und die Salzburger Voralpen eröffnet, dreht sich im Winter alles um das berühmte Lied. Neben dem Weihnachtsmarkt befindet sich das Bruckmann-Haus mit dem Heimatmuseum und dem eigens eingerichteten Stille-Nacht-Weihnachts-Sonderpostamt. Dieses wird jedes Jahr im Advent regelrecht gestürmt: Die Stempel mit schönen Stille-Nacht-Motiven sind nicht nur bei Sammlern begehrt. In der Zeit von 8. bis 24. Dezember werden über 30.000 Weihnachtsbriefe von hier aus in die ganze Welt versandt.

Doch die eigentliche Pilgerstätte für Menschen aller Nationen ist die Stille-Nacht-Gedächtnis-Kapelle, die errichtet wurde, nachdem 1899 ein Hochwasser die damalige Pfarrkirche beschädigt hatte. Sie ist klein und verfügt nur über sieben Bankreihen. Wer darin Platz findet, hält inne und sucht die Ruhe. Doch irgendwann hebt einer an zu Summen. Und aus dem Summen wird ein Singen.

> Besonders romantisch ist die Anreise nach Oberndorf mit der Lokalbahn vom Salzburger Hauptbahnhof aus. Am 24.12. fährt sogar ein nostalgischer Dampfzug.

SCHLOSS FUSCHL RESSORT & SPA /// SCHLOSS STRASSE 19 ///
5322 HOF BEI SALZBURG /// 0 62 29 / 2 25 30 ///
WWW.SCHLOSSFUSCHLSALZBURG.COM ///

WINTERLICHES LUXUSSTÜNDCHEN
IM STRANDKORB

Schloss Fuschl – Hof bei Salzburg

62

Bestimmt hätte sich auch Kaiserin Elisabeth zu einem gepflegten Nachmittagstee auf der Panoramaterrasse von Schloss Fuschl überreden lassen. Doch die Monarchin selbst war nie hier, auch wenn das Sissi Museum im Schloss Ladl zu dieser Annahme führen könnte.

Das elegante fürsterzbischöfliche Jagdschloss im Stil der Renaissance war Ende der 1950er-Jahre Drehort für die legendären Sissi-Filme mit Romy Schneider in der Hauptrolle. Heute lädt das luxuriöse Fünfsternehotel am südlichen Ufer des Fuschlsees in der kalten Jahreszeit dazu ein, sich ein wenig wie Schneekönig und Schneekönigin zu fühlen.

Pünktlich zum Advent verwandelt sich die Panoramaterrasse in eine ungewöhnliche Winterlounge: Und die luxuriösen Strandkörbe sind nicht nur ein optischer Hingucker. Sie garantieren absolute Diskretion für ein kuscheliges Tête-à-tête zu zweit. Zudem sind sie allesamt mit einem Service-Klingelknopf ausgestattet, mit dem man – praktisch und ohne viel Aufhebens – eine weitere Punschkreation oder süße Köstlichkeiten aus der Schloss-Patisserie ordern kann.

»Ein wenig dekadent!«, könnte man da denken. Wer aber erst einmal in einem der Strandkörbe Platz genommen hat und den Blick über die Winterlandschaft genießt, wird die Frage mit einem Achselzucken beantworten. Warum nicht einmal Punsch in einem ganz besonderen Ambiente trinken? Der Cappuccino oder der Tee kosten hier nicht mehr als irgendwo sonst – das wunderbar königliche Gefühl bekommt man gratis dazu. »Jeder ist in der Winterlounge herzlich willkommen. Sie ist nicht nur unseren Hausgästen vorbehalten«, bestätigt Paul J. Kernatsch vom Schlosshotel Fuschl.

Wer das besondere Ambiente des Schlosshotels noch intensiver genießen möchte, bummelt über den Schloss-Adventmarkt samt Feuerzangenbowle und Turmbläsern oder macht einen Abstecher ins Day-Spa.

🖉   Nicht weit vom Schloss Fuschl lädt die nahegelegene Hundsmarktmühle zu einem Abstecher: Luxus trifft auf Tradition mit Stubenmusi und Hirtenspiel.

TOURISMUSVERBAND ST. KOLOMAN /// AM DORFPLATZ 29 ///
5423 ST. KOLOMAN /// 0 62 41 / 2 22 15 /// WWW.STKOLOMAN.AT ///

AUERHÜTTE AM SEEWALDSEE /// SEEWALDSTRASSE 41 ///
5423 ST. KOLOMAN /// 0 62 41 / 3 82 /// WWW.AUERHUETTE.AT ///

KRÖTEN … ÄHM …
WINTERWANDERUNG IM NATURSCHUTZIDYLL

Seewaldsee – St. Koloman

63

Der Seewaldsee am Fuße des Trattbergs ist ein verstecktes Winteridyll mit einer Romantikkulisse, die an Beschaulichkeit kaum zu übertreffen ist. Tief verschneit und unberührt von Pisten, Loipen oder Wegen lädt es zu einer Winterwanderung abseits jeglichen Trubels, bevor im Frühjahr das große Spektakel der Krötenwanderung ausbricht. Zur Schneeschmelze ziehen die Amphibien in Scharen zum See, um dort abzulaichen; die faulen Männchen huckepack auf den breiten Rücken der Damen.

Doch vorerst lockt der Winter in seiner ursprünglichsten Form an den Seewaldsee: Von St. Koloman führt die Straße durch Winterwälder rund sechs Kilometer bis zum Vorderseewaldbauer, wo das Auto geparkt werden kann. Dann geht es zu Fuß in Richtung Auerhütte, die zu dieser Jahreszeit jedoch geschlossen ist.

Im Winter trifft man nur wenige Menschen hier oben an, das hat ganz klar Vorteile, aber auch einen Nachteil. Denn wenn Sie der erste an einem Sonntagvormittag sind, dann erwartet Sie die schöne, aber auch anstrengende Aufgabe, den Weg im Schnee rund um den See zu spuren. Und das führt dazu, dass die relativ überschaubare Wanderung ganz schön ermüdend werden kann. Mit Schneeschuhen geht das wesentlich leichter. Von der Auerhütte folgen Sie immer der Beschilderung ›Seerundweg‹. Rund 90 Minuten dauert die Tour rund um den See und zurück zum Auto.

Stehen bleiben und horchen lohnt sich immer wieder. Zu hören ist – einfach nichts! Noch ruht der Seewaldsee: Die Zeit der Wanderer, Badegäste und auch der Kröten ist noch weit. Der Blick auf den Hohen Göll und die unberührten Schneefelder ringsum gehören einem ganz allein. Glücklich ist, wer das in aller Ruhe zu genießen weiß. Und vielleicht bei einer mitgebrachten Jause samt Tee in der Thermoskanne vom Frühling träumen kann. Und davon, von jemandem huckepack rund um den See getragen zu werden.

✍ Niedrige Temperaturen im Hochwinter bringen es manchmal mit sich, dass man auf dem Seewaldsee auch Eislaufen kann. Ein seltenes, aber besonderes Erlebnis.

BURGSTALLHÜTTE /// FLACHAUWINKLSTRASSE 36 /// 5542 FLACHAU ///
0 64 57 / 29 50 /// WWW.BURGSTALLHUETTE.COM ///

ZU GAST BEI DER ›QUEEN OF HEARTS‹
Burgstallhütte – Flachauwinkl

Jahrelang habe ich die Burgstallhütte auf der Talabfahrt in Richtung Flachauwinkl auf Skiern links liegen gelassen. Bis ich den Tipp bekam, dort unbedingt einen Einkehrschwung zu wagen. Tatsächlich war die Skihütte – eine rund 400 Jahre alte Knappenrast – eine echte Entdeckung. Und zwar in mehrfacher Hinsicht. Sie verfügt über eine lange und wechselvolle Geschichte: Der älteste Raum – heute das Stüberl – wurde bereits vor 380 Jahren urkundlich als Gesindekammer erwähnt. Hoch oben auf dem Berg wurde Eisenerz abgebaut und die Hütte diente den Knappen ab dem 17. Jahrhundert als Zwischenstation auf 1.400 Metern Seehöhe. Nach dem Erliegen des Erzabbaus wurde die massive Holzhütte als Alm genutzt, bis sie im Winter 1987/88 von einer damals 18-Jährigen als Skihütte eröffnet wurde.

Regina Seiwald ist in den letzten 25 Jahren ihrer Philosophie immer treu geblieben: bestes hausgemachtes Essen, feinste Zutaten aus der Region, höchste Qualität und ehrliche Gastfreundschaft.

»Die Leute finden hier eine Art Urlaubszuhause«, so Regina Seiwald, die aufgrund ihrer Sammelleidenschaft für Herzen auch ›Queen of Hearts‹ genannt wird. »Nach einem guten Essen fühlen sich auch die Gäste besser als zuvor.« Und tatsächlich gelingt dieser Vorsatz: So wärmt beispielsweise der O-Power-Suppentopf den Bauch und nährt zugleich die Seele; er wurde von den Salzburger Sterneköchen Rudi und Karl Obauer kreiert. Hüttenwirt Franz Seiwald hingegen sorgt mit seinem Charme und Witz für beste Unterhaltung und so manchen Lacher. Schnell wird klar: Wer als Fremder kommt, geht als Freund. Für das Wirtspaar steht schon lange fest: »Diese Hütte hat eine gute Seele.«

Und als dann vor einigen Jahren eine Schamanin festgestellt hat, dass in der Hütte ungewöhnlich viele Liebes- und Harmoniepunkte aufeinandertreffen, hat das auch niemanden weiter verwundert.

Die Burgstallhütte ist jedes Jahr von Anfang Dezember bis Ostern geöffnet. Kaiserschmarrn-Liebhaber kommen jeden Dienstag und Freitag auf ihre Kosten.

UNTERHOFALM /// 5532 FILZMOOS NUMMER 220 /// 06 64 / 3 56 67 51 ///
WWW.UNTERHOFALM.AT ///

OBERHOFALM /// 5532 FILZMOOS ///
0 64 53 / 85 94 /// WWW.OBERHOFALM.AT ///

MIT ZWEI PS IN RICHTUNG BISCHOFSMÜTZE

Pferdekutschenfahrten zu den Hofalmen – Filzmoos

64

Als aktiver Wintersportler ist man schnell dazu verleitet, Pferdekutschenfahrten ein wenig zu belächeln: Zu romantisch! Zu altmodisch! Zu passiv! Nichts für solche, die den Winter mit allen Fasern spüren und ins Schwitzen kommen wollen. Na gut, ins Schwitzen kommen tatsächlich nur die Pferde, die vor die Schlitten gespannt werden, um Besucher zu den Filzmooser Hofalmen zu bringen. Doch das tut der Schönheit des winterlichen Ausflugs keinen Abbruch.

Die 23 Gespanne von insgesamt acht Bauern bestehen aus jeweils zwei gescheckten Norikern, edlen Friesen oder kräftigen Haflingern. Den Weg kennen die Tiere in- und auswendig, dennoch ist das Tempo gemächlich. Vom Ortszentrum geht es vorbei am Hubertushof, wo mit Johanna Maier die weltweit erste 4-Hauben-Köchin am Herd steht, in Richtung Hinterwinkl. Die Straße, die von 1. Dezember bis Ende März ausschließlich den Pferdekutschen und Spaziergängern gehört, windet sich in sanften Anstiegen in Richtung Alm.

Nach gut 40 Minuten und rund 200 Höhenmetern lichtet sich der Winterwald. Erster und beeindruckender Blickfang ist die markante Bischofsmütze mit ihren 2.458 Metern und dem charakteristischen Doppelgipfel. Der Berg bildete einst die Grenze zwischen dem Erzbistum Salzburg und dem Erzherzogtum Österreich: Im Jahr 1993 brach ein 200 Meter hoher Pfeiler von der Bischofsmütze ab. Ein Foto von diesem mächtigen Felssturz findet sich in der Unterhofalm, eines der beiden Ziele der Pferdekutschenfahrten.

Ebenso wie auf der etwas unterhalb liegenden und 1665 erbauten Oberhofalm werden hier feinste Salzburger Almschmankerl serviert: von den Kasnocken im Pfandl über Pongauer Fleischkrapfen bis hin zum Kaiserschmarrn. Nur die Kalorienverbrennung klappt bei einer Kutschenfahrt nicht ganz so gut. Denn wie schon angedeutet: Es sind ausschließlich die Pferde, die sich anstrengen.

✎ Im Dezember geht's mit den Pferdekutschen zur Weihnachtsidylle rund um Hofalm und Almensee: ein Adventerlebnis der besonderen Art.

DIE SMARAGDBAHN MIT VIELEN KOSTENLOSEN PARKPLÄTZEN SEHEN SIE DIREKT VON DER GERLOS STRASSE AUS.

SMARAGDBAHN BRAMBERG /// 5733 BRAMBERG /// 0 65 65 / 64 05 61 /// WWW.WILDKOGEL-ARENA.AT ///

FORMEL-1-STRECKE FÜR SCHLITTENFAHRER

Rodelbahn am Wildkogel – Bramberg

65

Es gehört auf gut Pinzgauerisch ›scho a weng Schneid zum Bocka reitn‹. Vor allem, wenn man sich mit dem ›Bock‹ – einem Rennrodel oder dem Familienschlitten – auf die längste beleuchtete Rodelbahn der Welt wagt. An die 300 Flutlichtschweinwerfer säumen den 12,5 Kilometer langen Fahrweg von der Bergstation der Smaragdbahn hoch über Bramberg bis hinunter zur Senningerwiese im Tal. In Summe werden über 1.300 Höhenmeter überwunden: Und das dauert gut und gerne zwischen 30 und 50 Minuten.

Darf und soll es auch – vor allem am Tag: Dann sind zwar die Lampen nicht an, doch dafür eröffnet sich den Schlittenfahrern ein grandioses Panorama. Weit oberhalb der Baumgrenze überblickt man vom Wildkogel den Oberpinzgau bis hinaus nach Kaprun. Gegenüber dem Wildkogel liegt das Habachtal und die weißen Riesen des Nationalparks Hohe Tauern vermitteln einen Eindruck von der Dimension des größten Naturschutzgebiets der Alpen. Doch auch am Abend hat die Rodelbahn ihre Reize: Tausende Lichter blinken im Tal, die weißen Schneefelder reflektieren den Mondschein in klirrendkalten Nächten und die Hütten laden zu einem ›Boxenstopp‹ ein.

Die Rodelbahn ist eine echte Herausforderung – auch für ambitionierte Wintersportler. Denn so vergnüglich die Fahrt auf dem Schlitten aussehen mag: Es gehören Mut, eine gute Portion Kondition und Fahrkönnen dazu, um sicher ins Tal zu kommen. Enge Kurven und eine hohe Geschwindigkeit setzen voraus, dass man das Gefährt einigermaßen beherrscht: Helm ist zwar nicht Pflicht, aber empfehlenswert! Und natürlich festes Schuhwerk zum Bremsen und ›Loat'n‹ (Lenken). Wer auf dem Weg ins Tal eine Verschnaufpause benötigt, kehrt in die Après-Ski-Hütte Zwischenzeit ein. Oder funktioniert seinen fahrbaren Untersatz zum Sonnenbankerl um und lässt sich die mitgebrachte Jause aus dem Rucksack schmecken.

✂ Noch länger ist die Rodelstrecke am Wildkogel, wenn man an der Bergstation in Neukirchen startet: Dann sind es rund 14 Kilometer bis ins Tal.

STEINBOCK ALM /// HOCHMAIS 13 /// 5761 MARIA ALM ///
0 65 84 / 2 36 69 /// WWW.STEINBOCKALM.AT ///

ALPINES LOUNGE-FEELING AM PISTENRAND
Steinbock Alm – Maria Alm

Schön ist sie, die Steinbock Alm im Skigebiet Hochkönig. Das mag sich so manch einer denken, der im Vorbeifahren einen Blick auf das Gebäude wirft: Zwei urige Almhütten rahmen einen modernen, puristischen Gebäudekomplex ein. So viel auf den ersten Blick. Ein weiterer – zweiter Blick – wird jedoch dringend empfohlen!

Denn hinter der Fassade eröffnet sich eine ganz andere Welt: Bunt bemützte Skifahrer und Snowboarder fläzen sich in moderne Lodenstühle und schlürfen Aperol Spritz. Skitourengeher, die sich früh auf den Weg gemacht haben, genießen bis 11 Uhr das Almfrühstück. In den holzgetäfelten Stuben mit den gemütlichen Kojen treffen sich Familien, Freunde und Einheimische. Das Feuer knistert in den Kaminen und an der großen Bar werden die Übertragungen der Skirennen auf den Flatscreens kommentiert. Hier auf 1.600 Metern, direkt an der Bergstation der Sinalco- und der Hochmaisalm scheint sich jeder wohlzufühlen und wer einmal sitzt, der bleibt meist länger als geplant. Mit dem riesengroßen Panoramafenster hat man ohnehin das Gefühl, mitten in der Natur zu sein: Das beeindruckende Hochkönig-Massiv und das Steinerne Meer ziehen alle Blicke auf sich.

Almhüttenwirtin Tanja Meilinger kennt viele ihrer Gäste persönlich und sie weiß, die Kombination aus Tradition und Moderne kommt gut an:»Wir haben sowohl bei der Einrichtung als auch bei den Speisen auf eine gute Mischung geachtet. Wir schätzen das gute Alte, wollten aber auf das Neue nicht verzichten.« Und so werden neben heimischen Schmankerln wie dem täglich frischen Schweinebraten, Kasnockn und Linseneintopf auch internationale Spezialitäten wie Scampi Saté, Thai Curry und hausgemachte Pizza serviert. Jeden Freitag gibt's dazu fette Sounds von einem DJ oder Live-Musik. Im Winter ist die Alm täglich, im Sommer von Donnerstag bis Sonntag geöffnet.

Die Steinbock Alm hat natürlich auch im Sommer geöffnet: Wann genau erfahren Sie auf der Internetseite. Hier stehen auch die Fahrzeiten der Bergbahnen.

NATIONALPARKVERWALTUNG HOHE TAUERN SALZBURG ///
GERLOS STRASSE 18 /// 5730 MITTERSILL /// 0 65 62 / 4 08 49 33 ///
WWW.HOHETAUERN.AT /// WWW.NATIONALPARKERLEBNIS.AT ///

HEIMLICH ZU GAST BEIM KÖNIG DES WALDES

Wildtierfütterung – Habachtal

66

Grüne Hose, grüne Jacke, grüner Hut – der Nationalparkjäger, der die 29 angemeldeten Besucher zur Wildtierfütterung ins Habachtal bei Bramberg begleitet, sieht aus, wie man sich einen Jäger vorstellt. Die kleine Schar – Einheimische sowie Urlauber aus Holland und Deutschland – wirken noch etwas schüchtern: Keiner weiß, was ihn genau erwarten wird, außer dass er den scheuen Wildtieren des Nationalparks Hohe Tauern in den nächsten Stunden sehr nahe kommen wird.

Los geht das winterliche Abenteuer mit einer Fahrt im Anhänger, der von einem lärmenden 95 PS starken Traktor taleinwärts gezogen wird: Danach zieht die Gruppe zu Fuß und sehr bald schweigend weiter. Denn die Tiere – Hirsche und Rotwild – dulden keine Menschen. Erst in der gut getarnten, kommoden und warmen Holzhütte mit getönten Fensterscheiben darf wieder gesprochen werden: In den Bankreihen liegen Ferngläser für die Besucher bereit.

Nach gut einer halben Stunde geht das erste Raunen durch die Menge. Langsam verlassen die ersten Jungtiere den Schutz der Bäume: Hungrig und neugierig trappeln sie behutsam über den Schnee dem duftenden Heu entgegen. Die Futterkrippen sind prall gefüllt, kein fremder Geruch liegt in der Luft.

Dem heimlichen Gast eröffnet sich ein eindrucksvolles Spektakel. Nach und nach wird die Schar immer größer: Nur rund 150 Meter entfernt lassen sich etwa 100 Tiere das köstliche Mahl schmecken. Sogar fünf Gämsen tauchen am Rande des Schauplatzes auf – eine absolute Seltenheit. Nur einer fehlt: der König selbst! Doch das Warten wird belohnt. Am Ende zeigt er sich – ein mächtiger Zwölfender mit seinem Gefolge. Erhaben, stolz, vorsichtig und immer auf der Hut. Staunen und Ehrfurcht machen sich breit und plötzlich wird es wieder still – ganz ohne Anweisung des Jägers. Weil Worte an dieser Stelle einfach keinen Platz mehr gehabt hätten.

✍ Der Nationalpark Hohe Tauern bietet ein vielfältiges Programm für Besucher: Gemeinsam mit den Rangern geht's zu Wanderungen oder zur Wildtiersafari.

VOM URALTEN KULTURRAUM ZUM TOURISTISCHEN ERLEBNIS

Exkurs(ion) auf und über die Alm

Ein Almsommer in den 1950er-Jahren sah in etwa so aus: Viel Arbeit für die Sennerin, ein langer Schulweg für den Hirterbuben, gähnende Langeweile an den Wochenenden und immer das Gefühl, im Tal tobt das Leben, während da oben außer dem Läuten der Kuhglocken rein gar nichts passiert. Die ›Erlebnis‹-Alm, wie wir sie heute kennen, gab es damals nicht: Die wenigsten hatten Lust, freiwillig auf den Berg zu gehen. Sport wurde höchstens in Vereinen ausgeübt und die Gäste blieben lieber in der Nähe ihrer ›Fremdenzimmer‹ in den Luftkurorten. Das war genug an Gesundheit und Bewegung.

Die Alm hatte in ihrer ursprünglichen Form den Zweck, die Bauern im Tal zu entlasten und Lebensmittel für das Winterhalbjahr zu produzieren. Die Sennerin hat die Kühe gemolken und damit die Milch an Ort und Stelle haltbar gemacht. Die Butter wurde geläutert, um Butterschmalz herzustellen, aus der Vollmilch wurde Käse und aus der Buttermilch Schotten. Notwendige Rationen, die bis Weihnachten reichen sollten.

Ein Almsommer heute sieht anders aus, auch wenn er ähnlich arbeitsreich für die Almleute ist. Auf einigen Almen wird die Milch nach wie vor verarbeitet – oft noch ohne Strom. Allerdings nicht für die Bauern selbst, sondern vielmehr für die Wanderer und Gäste. Mit dem Einsetzen des Tourismus und der Entdeckung der Berge als Erholungs- und Freizeitraum vollzog sich ein Wandel auf der Alm: Sie wurde zum Inbegriff der heilen Welt. Seit 2003 wird der ›Salzburger Almsommer‹ touristisch beworben und alljährlich mit einem großen Fest eröffnet. Die Almwirtschaft erhielt dadurch neue Impulse. Die Gäste bekamen ein Gespür für die Arbeit der Bauern: Mit den Einnahmen können zum Teil uralte Almhütten erneuert und erhalten werden.

Salzburg ist das almenreichste Bundesland Österreichs: 1.830 landwirtschaftlich genutzte und bewirtschaftete Almen gibt es. In 550 Hütten laden die Gastgeber und Sennleute zur Einkehr ein.

An die 9.200 Kühe werden auf den Almen gemolken. Hinzu kommen über 58.000 Stück Jungvieh, Pferde, Schafe und Ziegen. Der Almsommer beginnt je nach Schneelage, Witterung und Höhenlage Anfang Juni und endet traditionell am 24. September, dem Rupertitag. Die Tiere leisten durch ihr Grasen einen wichtigen Beitrag zum Erhalt der Almweiden. Ansonsten würde dieser Kulturraum Stück für Stück verloren gehen. Wer auf die Alm wandert, verabschiedet sich für einen kurzen Zeitraum von der Welt unten im Tal. 80 Prozent der Hütten sind innerhalb von ein bis zwei Stunden Gehdauer erreichbar, viele davon mit Mountainbikes oder Kinderwägen über Forstwege. Auf manchen Almen kann übernachtet werden: Direkt im Heu, in Bettenlagern oder in Zwei- oder Mehrbettzimmern. Das einfache Leben ohne großen Komfort wie Strom oder fließend Wasser gehört zur Alm, wobei die vermeintliche Ruhe sich auch als überholtes Klischee entpuppen kann. Viele Hütten sind beliebte Ausflugsziele und ähneln mehr einer Gaststätte. Wer also die Ursprünglichkeit sucht, muss manchmal ausgetretene Pfade verlassen, ohne jedoch die Wegmarkierung aus den Augen zu verlieren. Auf der Alm selbst gibt es ein paar Verhaltensregeln. Verschließen Sie das Almgatter, leinen Sie Ihren Hund an, vermeiden Sie Lärm, respektieren Sie den Lebensraum der Wildtiere und lassen Sie geschützte Blumen lieber am Wegesrand stehen. Kühe gehören zur Alm wie das ›Grüß Gott‹ unter Wanderern. Wer dem Weidevieh den nötigen Respekt und Abstand entgegenbringt, sollte nichts zu befürchten haben. Im Grund reicht es, sich daran zu erinnern, dass man als Gast kommt und als solcher auch bald wieder gehen wird.

Ich würde mich freuen, wenn dieses Buch Ihre Lust geweckt hat, die Almen im Salzburger Land zu erwandern. Und wer weiß – vielleicht entdecken Sie ja Ihren ganz persönlichen Lieblingsplatz!

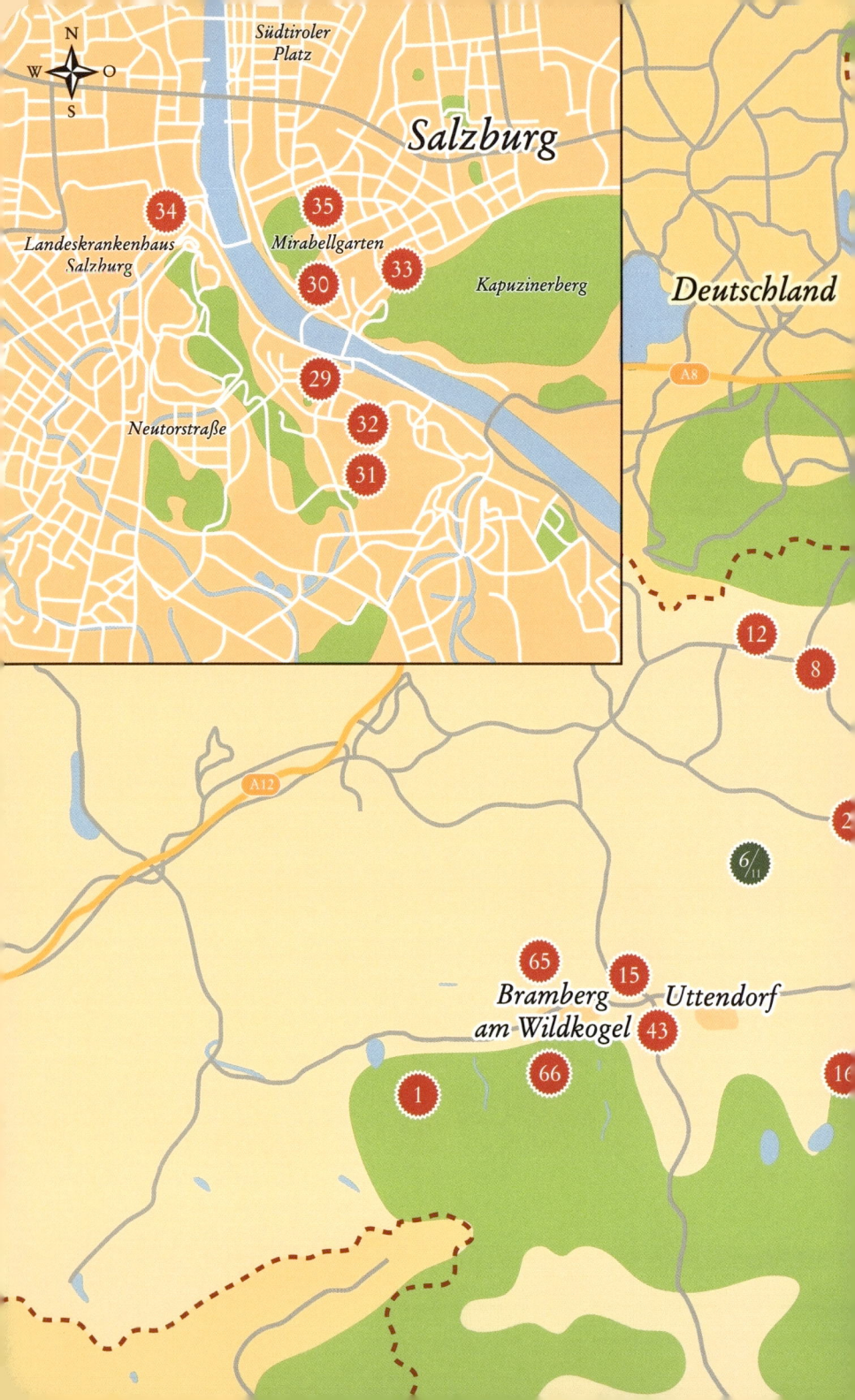

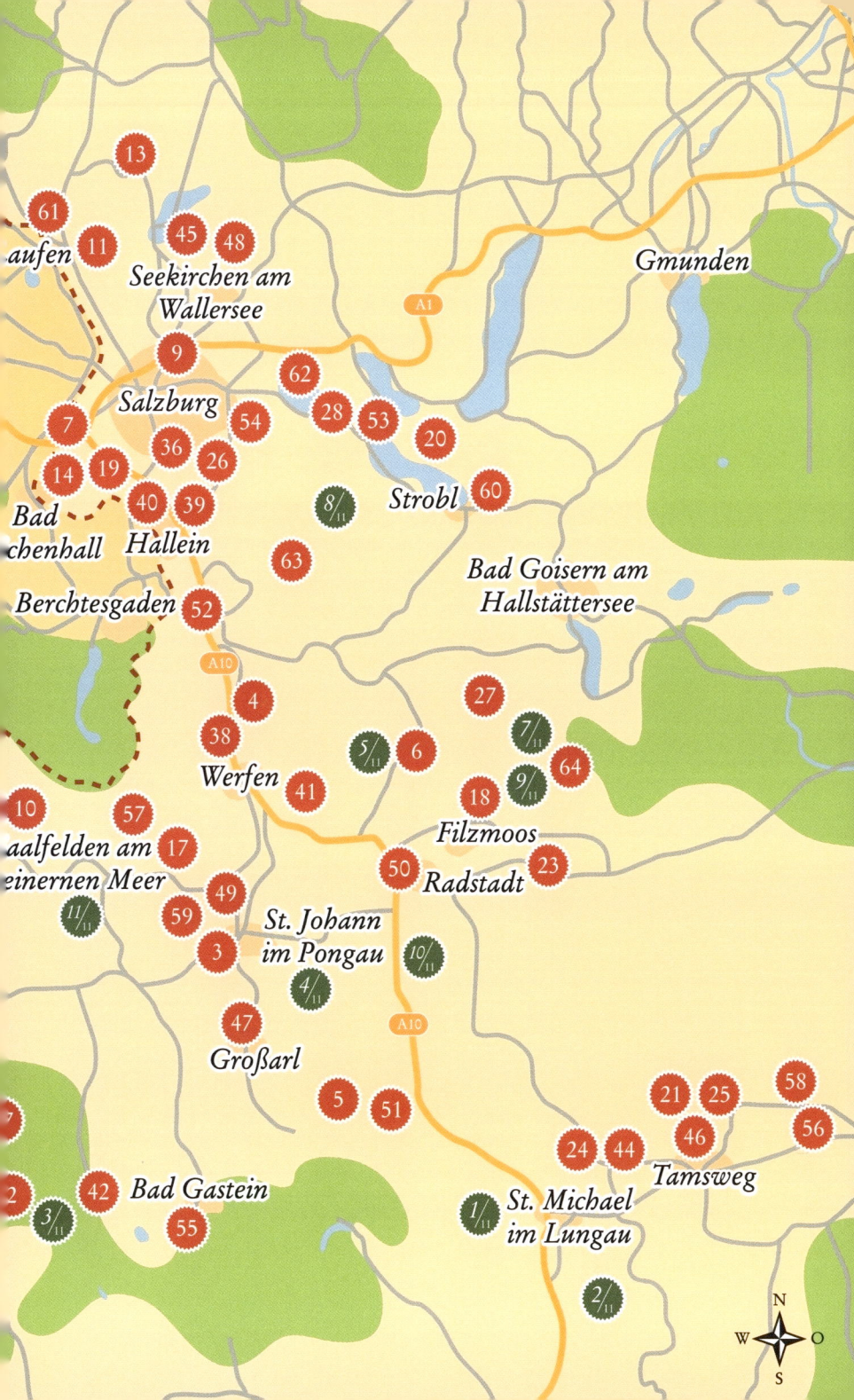

REGISTER

AUF MÖRDERSUCHE IN IHRER NACHBARSCHAFT

GMEINER

»Tödliche Festspiele! Martin Merana ermittelt.«

Manfred Baumann
Jedermanntod
978-3-8392-1089-5

Manfred Baumann
Wasserspiele
978-3-8392-1200-4

Manfred Baumann
Zauberflötenrache
978-3-8392-1302-5

Salzburg im Sommer, belagert von Einheimischen, Tausenden Touristen und Schaulustigen. Kommissar Martin Merana ermittelt in einer Welt, die ihm fremd ist: die Welt der Salzburger Festspiele mit ihren extrovertierten Künstlern, fädenziehenden Managern, illustren Skandalen und … ihren Toten. Merana tastet sich durch seine mitreißenden Fälle, im Umfeld barocker Lebensfreude und privater Krisen.